Hans Jellouschek

Liebe auf Dauer

Hans Jellouschek

Liebe auf Dauer
Was Partnerschaft lebendig hält

Kreuz

Für meine Frau Bettina,
die die Entstehung dieses Buches
liebevoll, kritisch und kompetent begleitet hat

Bibliografische Information der Deutschen Bibliothek
Die Deutsche Bibliothek verzeichnet diese Publikation in der
Deutschen Nationalbibliografie; detaillierte bibliografische Daten
sind im Internet über http://dnb.ddb.de abrufbar

Überarbeitete Neuausgabe des
erstmals 2004 erschienenen Titels

© 2008 Verlag Kreuz GmbH, Freiburg

www.kreuzverlag.de

Alle Rechte vorbehalten
Umschlaggestaltung: [rincón]² medien gmbh, Köln
Umschlagfoto: © plainpicture/bilderlounge
Autorenfoto: © privat
Satz: de·te·pe, Aalen
Druck: CPI – Clausen & Bosse, Leck

ISBN 978-3-7831-3208-3

Inhalt

Einleitung 9

1 Definieren Sie Ihre Beziehung.
   Die Kunst, verbindlich zu werden 13

2 Lernen Sie einander gut kennen.
   Die Kunst, die Fremdheit zu überwinden 27

3 Versöhnen Sie sich mit Ihrer Vergangenheit.
   Die Kunst, füreinander frei zu werden 41

4 Betonen Sie das Positive in Ihrer Beziehung.
   Die Kunst, einander gutzutun 55

5 Lernen Sie, einander zu verzeihen.
   Die Kunst, Verletzungen wiedergutzumachen 71

6 Schaffen Sie Räume für Intimität.
   Die Kunst, einander nahzukommen 91

7 Stellen Sie Gegenseitigkeit und Ausgleich her.
   Die Kunst der Balance in der Beziehung 109

8 Machen Sie Ihre Probleme zu gemeinsamen Problemen.
   Die Kunst, miteinander gut zu kooperieren 133

9 Nehmen Sie Krisen als Entwicklungschancen.
   Die Kunst, Herausforderungen anzunehmen und zu bewältigen 149

10 Schaffen Sie gemeinsame Sinnwelten und
   Lebensperspektiven.
   Die Kunst, das Zusammenleben
   mit Sinn zu erfüllen   167

Ein Beziehungs-Haltbarkeits-Test   184

Literatur   189

Einleitung

Für wen ist dieses Buch geschrieben?

Ganz allgemein gesprochen: für alle, die beides möchten, eine Partnerbeziehung, in der die Liebe lebendig ist und die dabei stabil bleibt. Das können Paare sein, die – ob jung oder schon in fortgeschrittenerem Alter – erst kurz zusammen sind, die verliebt sind ineinander und die Intensität ihrer Beziehung nicht verlieren wollen; oder auch Paare, die schon lange ein gemeinsames Leben führen und dabei das Gefühl haben, dass ihre Liebe einer Erneuerung bedürfte, weil ihre Glut unter der Ascheschicht der Jahre zu verglimmen droht; oder auch Frauen und Männer, die eine Trennung hinter sich haben und reflektieren wollen, woran es gelegen haben könnte und was sie in einer künftigen Beziehung besser machen könnten.

Eine Paarbeziehung, in der die Liebe lebendig ist und die trotzdem stabil bleibt: Ist dies aber nicht ein Widerspruch in sich? Die Stabilität von Beziehungen wurde in früheren Jahrzehnten dadurch garantiert, dass sich Paare kaum trennen *konnten*: entweder weil das den wirtschaftlichen Ruin bedeutet hätte, oder weil sie die Kirche und die Gesellschaft verurteilt hätte, oder weil es ihnen ihr Gewissen nicht erlaubt hätte und die Frauen, die heute in der Mehrzahl die Scheidungen einreichen, damals gar keine Möglichkeit dazu hatten. Wie die Qualität der Beziehung war, das spielte für die große Mehrzahl der Menschen jahrhundertelang eine vollkommen untergeordnete Rolle.

Heute ist dies dagegen vollkommen anders geworden. Natürlich spielen weltanschauliche, gesellschaftliche und wirtschaftliche Gründe auch noch eine Rolle. Aber das Einzige, was die Stabilität von Paarbeziehungen heute garantiert, ist deren Qualität, also die Beantwortung der Frage, ob

Frau und Mann diese Beziehung noch als befriedigend erleben, ob einer den anderen noch spürbar liebt und sich vom anderen geliebt fühlt. Wenn einer den anderen zum Beispiel durch eine Affäre verletzt hat, wenn der Sex miteinander nicht mehr gut ist, wenn der Mann nur noch seinen Beruf kennt und die Frau nur noch die Kinder versorgt, und überhaupt: wenn einer oder beide erleben, dass die Liebe erkaltet, die Beziehung langweilig und öde geworden ist. In all diesen Fällen ist der Gedanke an Trennung nicht mehr fern. Und oft muss dann nur noch ein äußerer Anlass dazukommen – zum Beispiel die Liebe zu einem Dritten – und es ist passiert. Seit vielen Jahren bewegen sich die Scheidungszahlen hierzulande zwischen 30 und 50 Prozent, nicht mitgerechnet die nichtehelichen Lebensgemeinschaften, bei denen der Prozentsatz vermutlich noch höher liegt.

Mit anderen Worten heißt das: Die Stabilität einer Paarbeziehung über Jahre hin hat heute immer weniger Chancen, wenn es den Partnern nicht gelingt, auch ihre Liebe lebendig zu halten. Aber muss denn eine Beziehung von solcher Dauer sein? Ist »Liebe auf Dauer« nicht überhaupt eine illusorische Vorstellung? Wird nicht heute der »Lebensabschnitts-Partner« das neue und gültige Modell? Nicht nur viele »Normalbürger« sind heute dieser Meinung, auch Fachleute suchen nach solchen neuen Modellen, die angeblich leichter lebbar wären (Mary 2002).

Ich schließe mich solchen Überlegungen nicht an. Natürlich meine auch ich – auch aus der Erfahrung meines eigenen Beziehungslebens heraus –, dass wir es nicht einfach in der Hand haben; dass trotz allen Bemühens eine Trennung unvermeidlich, ja sogar manchmal die bessere Lösung sein kann. Dem steht aber andererseits entgegen: Wenn Menschen die Erfahrung tiefer Liebe machen, wollen sie immer, dass diese Liebe von Dauer sei. Natürlich haben wir das Bedürfnis nach Freiheit, das Bedürfnis, die »Flügel auszubreiten« und losfliegen zu können, wohin wir wollen.

Aber noch tiefer sitzt das Bedürfnis nach »Wurzeln«, nach einem sicheren Platz im Leben, das Bedürfnis nach einer festen Bindung. In einer erst kürzlich durchgeführten wissenschaftlichen Untersuchung in einer deutschen Großstadt zeigte sich, dass 83 Prozent der befragten Dreißigjährigen, die mit einem Partner in fester Beziehung lebten, wünschten, mit diesem Partner »ein Leben lang zusammenzubleiben« (Schmidt u. von Stritzky 2004, S. 98). An einem Ort in unserem Leben wollen wir erleben: Hier bin ich geliebt, hier kann ich lieben. Das bedeutet der Tendenz nach Ausschließlichkeit. Und wenn es tatsächlich gelingt, bedeutet es, wie vielfache Erfahrung zeigt, Reichtum und tiefes Glück.

Aber wie gesagt: Gesellschaft und Arbeitswelt schaffen heutzutage keine Bedingungen mehr dafür, dass dies gelingt. Es kommt immer mehr auf das Wissen und Können der Partner an, die Liebe auf Dauer lebendig zu halten. Davon sind viele Menschen jedoch überfordert. Immer noch gilt der Satz aus einem Gedicht von Rilke: »Nicht ist die Liebe gelernt« (1984, S. 743). Denn wie man Beziehungen nach der Verliebtheitsphase gestaltet, das war früher kein Thema. Wir haben keine lebendige Tradition, die uns vermittelt, was einer Paarbeziehung zuträglich ist und was ihr schadet.

Damit bin ich beim zentralen Anliegen dieses Buches. Was in meinen früheren Veröffentlichungen (Jellouschek 2001, 2002a, 2003, 2004) immer schon anklang, möchte ich hier zum tragenden Leitthema machen: *Wie kann die Liebe in einer Paarbeziehung lebendig und damit dauerhaft bleiben?* Ich schöpfe in meinen Ausführungen hauptsächlich aus meinen Erfahrungen, die ich in nunmehr fast dreißig Jahren therapeutischer Arbeit mit Paaren gewonnen habe. Ich werde daraus zehn »Grundsätze« formulieren, denen ich jeweils ganz praktische »Hinweise« folgen lasse, die aber niemals als Patentrezepte »für alle Fälle« verstanden werden dürfen. Der einzelne Fall kann immer noch so sein, dass alles, was ich hier sagen werde, weder zutrifft noch zuträglich ist. Kein Ratschlag ohne berechtigten Einwand, keine Regel ohne mögliche Ausnahme! Dies bitte ich die Leserinnen und Leser immer mitzubedenken, und dies möchte ich dadurch auch immer wieder ins Bewusstsein rufen, dass ich nach jedem Kapitel auf »Einwände« eingehe, die ich nach Vorträgen und in Kursen von Teilnehmern häufig gehört habe.

Außerdem bin ich sicher, dass sich auch bei Beachtung aller folgenden Hinweise und bei bestem Willen aller Beteiligten Trennungen oftmals weiterhin nicht verhindern lassen werden. Trennungen müssen manchmal sein, etwa weil sich die beiden anfangs wirklich ineinander getäuscht haben, oder weil sich Entwicklungen ergeben haben, welche die beiden unausweichlich in verschiedene Richtungen führen, oder weil die Beziehung bis hierher gut war, nun aber ein neuer Abschnitt beginnt, den die beiden ohne einander gehen »müssen«, und dergleichen mehr. Trennungen sind manchmal unausweichlich, auch sogar im Interesse der Kinder, die besser mit getrennten Eltern leben, die gut kooperieren, als mit vereinten, die sich hassen und gegenseitig boykottieren. Dies will ich mit meinen Ausführungen keineswegs bestreiten. Allerdings ist mir auch bewusst, dass viele Trennungen nicht sein müssten, wenn beide Partner rechtzeitig die Weichen anders stellen würden und wüssten, was zu tun ist, sobald sie sehen, dass der Kurs, den sie eingeschlagen haben, in eine problematische Richtung führt. Dafür Hilfestellungen zu geben, das ist das Anliegen dieses Buches.

1 Definieren Sie Ihre Beziehung
Die Kunst, verbindlich zu werden

Wer bin ich für den anderen?

Was mit diesem ersten Grundsatz oder dieser ersten Regel gemeint ist, möchte ich an einer häufig gemachten Erfahrung deutlich machen: Immer wieder habe ich mit Paaren zu tun, die schon jahrelang zusammenleben, die aber nicht sagen können, wer oder was sie eigentlich sind: ein Liebespaar, ein Freundespaar, ein Ehepaar …? Irgendwann haben sie sich zusammengetan oder sind sogar zusammengezogen. Das war ein bedeutsamer Schritt, aber dabei ist es geblieben, weiter wurde nichts mehr geklärt. Wenn einer den anderen vorstellt, druckst er ein wenig herum, sagt »Mein Partner« oder »Meine Lebensgefährtin«, und obwohl diesen Begriffen heutzutage im Unterschied zu früher immer weniger etwas moralisch Anrüchiges anhaftet, hat es trotzdem etwas Peinliches, über das alle am Gespräch Beteiligten gerne schnell hinweggehen wollen …

Dies ist oft ein Zeichen dafür, dass den beiden nicht wirklich klar ist, wer sie füreinander sind. In der Regel bekommt ihnen, oder mindestens einem der beiden, das nicht gut. Er oder sie fragt sich: Wer bin ich eigentlich für den anderen? Will er mich wirklich? Steht er auch im Ernstfall zu mir? Kann ich mich wirklich auf ihn verlassen? Gibt es echte Verbindlichkeit zwischen uns? Es bleiben immer ein gewisser Vorbehalt, ein Misstrauen, eine Unsicherheit. Um hier Klarheit zu schaffen, braucht es eine eindeutige Beziehungsdefinition: Ich bin dein Mann, du bist meine Frau. Wir sind ein Paar. Diese Definition verspricht Verbindlichkeit. Ist sie nicht gegeben, sind wir eben etwas anderes füreinander: Freunde oder Kollegen oder gute Bekannte oder …

Liebe braucht Verbindlichkeit

Natürlich kann es solche Verbindlichkeit nicht gleich von Anfang an geben. In der Phase des Jugendalters haben gegengeschlechtliche Beziehungen auch die wichtige Funktion, die Ablösung von den Eltern zu ermöglichen. Die starken emotionalen Liebeserlebnisse der Heranwachsenden untereinander lockern die Bindungen zu Vater und Mutter. Außerdem sollen sie den jungen Erwachsenen unterschiedliche Erfahrungen im Umgang mit dem anderen Geschlecht vermitteln. Dabei fällt auf, dass es Heranwachsenden trotzdem auch in dieser »Probierphase« wichtig ist, ihre Beziehungen genau zu definieren. Sie unterscheiden sehr klar zwischen »befreundet« und »mein Freund/meine Freundin«: »Mit diesen Jungs bin ich befreundet, und der Steffen ist mein Freund.« »Mein Freund«, »Meine Freundin« oder »Wir sind zusammen«: Solche Beziehungsdefinitionen werden durchaus als sehr verbindlich verstanden. Dennoch bleibt diese Verbindlichkeit in einer Art Vorläufigkeit, ist eine Art von Ausprobieren von Verbindlichkeit. Die Beziehung kann sehr schnell zu Ende sein, und ein anderer, eine andere tritt an die Stelle der Freundin/des Freundes. Das ist in dieser Phase auch durchaus in Ordnung. Zu frühe Festlegung kann notwendige Entwicklungen blockieren. In dieser Phase ist es wichtig, sich als Mann, als Frau in Beziehungen zum anderen Geschlecht auszuprobieren und kennen zu lernen, und das geschieht gerade auch durch die Vielfalt der Erfahrungen und auch durch die Schmerzen von vollzogenen und erlittenen Trennungen.

In unserer Gesellschaft hat sich in den letzten Jahren zudem eine Phase der menschlichen Entwicklung herausgebildet, die es so im Lebenszyklus früherer Generationen nicht gab, die so genannte »Zweite Adoleszenz«. Das ist die Zeit, in der die jungen Erwachsenen bereits definitiv von zuhause ausgezogen, in Ausbildung oder bereits berufstätig und damit wirtschaftlich, jedenfalls teilweise, selbstständig sind, aber noch keine »eigene Existenz« gegründet haben. Es ist eine Art Zwischenphase zwischen der Jugendzeit im Elternhaus und dem eigentlichen Erwachsenenalter. In dieser Zeit werden so genannte »Probeehen« immer häufiger. Man zieht mit dem Freund, der Freundin zusammen und lebt wie ein Ehepaar, ohne sich als solches zu definieren. Auch dies kann ein durchaus angemessenes, nützliches oder sogar notwendiges Stadium sein, um die eigenen Fähigkeiten zu erproben und in Beziehungen, im Lebensstil und im Beruf jene Ausrichtung zu finden, die zur eigenen Person passt. Die Zeiten, da eine solche Lebensform als »Konkubinat« oder »wilde Ehe« diffamiert und moralisch abgewertet wurde, sind weitgehend vorbei, sogar bei aktiven Mitgliedern der katholischen Kirche, die dies offiziell immer noch ablehnt.

Hier droht allerdings eine Gefahr: Dass die beiden den Zeitpunkt übersehen, an dem ein nächster Schritt in ihrer Beziehung fällig wird. In gewissem Sinn ist die Situation jetzt unklarer, als sie vor dem Zusammenziehen war. Da war sie seine Geliebte, und er war ihr Geliebter, und die beiden waren ein Liebespaar. Was sind sie jetzt? Sie leben wie ein Ehepaar, sind aber keines. Oft »dient« diese Situation beiden oder einem von beiden, eine geheime Angst, sich zu binden, zu kaschieren. Oft aber spürt wenigstens einer von beiden, und häufiger sind das die Frauen als die Männer, dass jetzt noch etwas ansteht: eben der Schritt in die Verbindlichkeit. Manchmal zeigt sich das darin, dass sie den Wunsch verspüren und ihn – hinter vorgehaltener Hand – ganz vertrauten Menschen gegenüber sogar äußern: »Ich fände es so schön, wenn er mir einen Heiratsantrag machen würde!«

Hinter diesem, manchem vielleicht altmodisch und in alten Rollenklischees verhaftet anmutenden Wunsch äußert sich ein tiefes Bedürfnis: das Bedürfnis nach Bindung, das Bedürfnis für den anderen, der/die Wichtigste, in diesem Sinn »Einzige« zu sein. Mindestens als Frage äußert es sich in jeder länger dauernden Beziehung: Ist der andere der, für den ich der/die Wichtigste, der/die Einzige bin?

Diese Frage will beantwortet sein, sonst wird sie sich immer wieder melden, es sei denn, ich schiebe sie, weil sie mir nicht oder immer nur negativ beantwortbar scheint, resigniert in den unbewussten Untergrund meiner Seele. Viele Paare spüren den Zeitpunkt, da sie sich unabweisbar stellt. Und dann sagt einer von beiden: »Sag, wollen wir nicht heiraten?« Oder: »Du, ich spüre, eigentlich möchte ich dich heiraten!« Und wenn der andere dann spontan oder nach einer gewissen Bedenkzeit zu demselben Ergebnis kommt, erleben beide: Dieser Schritt war jetzt fällig, und er initiiert und erschließt eine neue Qualität des Zusammenlebens, die es bisher zwischen uns nicht gegeben hat.

So unwahrscheinlich es klingen mag, weil äußerlich oft nicht viel anders wird: Es beginnt jetzt wirklich etwas Neues, und nicht nur deshalb, weil die Heirat auch vermögens- und erbrechtliche Folgen hat. Es beginnt auch psychologisch etwas Neues. Das spüren sogar Paare, die jahrelang »nur so« zusammengelebt haben und aus irgendeinem

Grund dann doch noch die Entscheidung fällen, ihre Beziehung »zu legalisieren«. Dieser Schritt des ausdrücklichen Ja zueinander, die Aussagen »Du bist mein Mann, ich bin deine Frau« beziehungsweise »Du bist meine Frau, ich bin dein Mann« bewirken in der Seele eine Klarheit und Verbindlichkeit, die es vorher nicht gab. In der Regel erfüllt das beide mit einem tiefen Glück, bei allen Unsicherheiten und Ängsten, die vielleicht auch noch damit verbunden sind. Damit wird dieser Schritt nicht eine Garantie, aber eine gute Grundlage für eine »Liebe auf Dauer«.

Warum ist das so? Das Bedürfnis nach verbindlicher Bindung ist nicht nur ein kindliches, das erfüllt werden muss, damit ein gutes Aufwachsen möglich wird. Dieses Bedürfnis begleitet uns ein Leben lang. Wir haben in den letzten Jahrzehnten das Erwachsen-Werden vielleicht zu sehr mit einem allzu individualistisch verstandenen Begriff von Autonomie identifiziert. Autonomie, Unabhängigkeit, Eigenständigkeit gehören freilich unverzichtbar zum Erwachsen-Sein. Aber menschliche Autonomie ist immer eine relative. Autonom sein heißt nicht autark sein. Wir sind zutiefst aufeinander angewiesen, um als Menschen leben und auch autonom sein zu können. Wir brauchen es, eingebunden zu sein, um uns als wichtig und liebenswert zu erleben. Und wir brauchen es, für jemanden »einzig«, am wichtigsten zu sein, um zu uns selber Ja sagen zu können. Das suchen wir in der Paarbeziehung, und dazu braucht es diesen ausdrücklichen Akt: »Du – mein Mann, ich – deine Frau«, »Du – meine Frau, ich – dein Mann«.

Wenn das so ist, wenn dieser Schritt einem tiefen menschlichen Bedürfnis entspricht, warum wird er dann trotzdem von vielen Menschen vermieden? Den Willen zur Verbindlichkeit auszudrücken, diesem »Akt«, ob er nun in der Kirche, im Standesamt oder privat vollzogen wird, haftet immer eine gewisse Feierlichkeit an. Viele schrecken vor solcher Feierlichkeit zurück. Sie ist ihnen peinlich. Warum?

Trauen sie sich nicht zu, etwas so »Schwerwiegendes« zum Ausdruck zu bringen? Warum trauen sie es sich nicht zu? Die Gründe können unterschiedlich sein.

Angst vor Bindung

Das tiefe Bedürfnis nach Bindung ist bei vielen Menschen in der Kindheit nicht ausreichend erfüllt worden. Die moderne Säuglingsforschung hat herausgefunden, dass sich zwischen Kindern und Eltern bestimmte Bindungsmuster einspielen (Endres u.a. 2000). Man unterscheidet hier die sicher gebundenen Kinder von den unsicher gebundenen. *Sicher gebundene Kinder*, also Kinder, die die frühen Bezugspersonen verlässlich und in ihrer Verfügbarkeit sensibel und kontinuierlich erlebt haben, haben auch als Erwachsene keine Schwierigkeiten, ein eindeutiges Ja zum Partner, den sie lieben, zu sagen und sich auf dessen Wunsch nach Verbindlichkeit einzulassen. Bei *unsicher gebundenen Kindern* ist das jedoch anders. Sie haben von ihren wichtigen Bezugspersonen entweder überhaupt zu wenig Bindung erlebt oder ein Hin und Her zwischen manchmal übermäßiger Bindung und dann wieder abruptem Rückzug. Sie gehen mit einer großen Sehnsucht nach echter tiefer Bindung ins Leben hinein, zugleich aber auch mit einer großen Angst davor. Ihr Blick bleibt sozusagen rückwärts gewandt in die Kindheit. Hier suchen sie immer noch das, was sie nicht bekommen haben. Sie sind nicht wirklich frei für einen Partner, und wenn ihnen dieser ein intensives Bindungsbedürfnis entgegenbringt, bekommen sie Angst, wieder dieselbe Enttäuschung zu erleben wie damals. So werden sie hin- und hergerissen zwischen Bindungssehnsucht und Bindungsangst.

Wenn sie ihre Partnerbeziehung »undefiniert« lassen, kommt das dieser Problemlage in gewissem Sinn entgegen, stellt sogar eine Art Problemlösung dar: Sie haben eine kontinuierliche Beziehung, aber Verbindlichkeit vermeiden sie. Freilich ist das keine wirkliche Lösung. Denn das Bedürfnis in ihrer Seele nach echter tiefer Bindung bleibt dabei trotzdem unbefriedigt, und oft enttäuschen sie mit ihrer Nichtentscheidung den Partner, der den Schritt in die Verbindlichkeit machen möchte, so tief, dass die Beziehung immer mehr in die Gefahrenzone der Auflösung gerät.

Wenn ein Paar spürt, dass es den Schritt in die Verbindlichkeit nicht schafft, ist es also nützlich, sich zu fragen: Hat einer oder haben beide Partner vielleicht eine tief sitzende Angst vor Bindung, weil sie vielleicht unsicher gebundene Kinder waren und in ihrer Seele immer noch sind? Es ginge dann darum, miteinander oder auch einzeln in einer Therapie den Weg der Heilung zu suchen. Sonst werden ihre erwachsenen Beziehungen immer wieder an diesen schwierigen Bindungserfahrungen scheitern. Vermeidung von Bindung und Verbindlichkeit kann aber auch noch eine andere Ursache haben:

Angst vor Trennung

Es kann sein, dass ein Paar oder einer der Partner die Frage nach einer klaren Beziehungsdefinition deshalb vermeidet, weil die Antwort lauten müsste: Ein Paar fürs Leben sind wir nicht! Wir sind vielleicht eine Notgemeinschaft oder ein geschwisterlich befreundetes Paar. Aber wenn wir die Frage nach der Verbindlichkeit ernstlich stellen würden, müssten wir uns trennen. Dieser Trennungsgedanke macht Angst. Allein dazustehen ist womöglich noch schlimmer, als diese unbefriedigende Beziehung weiter aufrechtzuerhalten. Also lässt man es lieber so weiterplätschern.

Oft legt sich dann allerdings ein dunkler Schatten von untergründiger Traurigkeit auf solche Beziehungen oder der

Mehltau tödlicher Langeweile, und die Beziehung wird in höchstem Maße krisenanfällig. Wenn einer der beiden sich dann plötzlich heftig in einen Dritten verliebt, sind solche Beziehungen oft abrupt zu Ende, begleitet von vielen Verletzungen und Enttäuschungen, und je länger man in dem undefinierten Zustand der alten Beziehung verharrte, desto zerstörerischer für die Betroffenen kann dann eine solche Trennung werden.

Auch hier wieder die Frage: Was steckt möglicherweise dahinter, wenn die Angst vor Trennung so groß ist, dass man sie so lange hinauszögert? Frauen und Männer, die dieses Problem haben, leben mit ihren Partnern wie Geschwister oder wie Kinder mit ihren Eltern. Man ist sich oft sehr nah, man ist sehr vertraut miteinander, aber es fehlt die Spannung zwischen Mann und Frau. Der Partner bekommt väterliche Züge, die Frau töchterliche. Oder die Frau wird quasi zur Mutter des Mannes. Oder sie fühlen sich wie Bruder und Schwester: tief verbunden, aber nicht als männliches/weibliches Gegenüber. Die innerfamiliären Beziehungen Eltern-Kind und Bruder-Schwester aus ihren Herkunftsfamilien werden hier auf die Mann-Frau-Beziehung übertragen. Er oder sie oder beide sind nicht abgelöst von diesen Familien, sie setzen deren Muster miteinander einfach fort. Eine bewusst vollzogene Trennung voneinander wäre hier deshalb so wichtig, weil damit zugleich auch – endlich! – die Ablösung von den eigenen Herkunftsfamilien vollzogen und zu Ende geführt würde, sodass sie freier und erwachsener in eine nächste Beziehung gehen könnten. Auch hier kann es nötig sein, Therapie in Anspruch zu nehmen, um den Mut zur Trennung zu entwickeln. Diese muss unter Umständen gar nicht endgültig sein. Es kann sein, dass eine kräftige Distanzierung voneinander genügt, um die nötigen Schritte ins Erwachsen-Werden zu ermöglichen, sodass die beiden sich wieder neu begegnen können und dann fähig sind, den Schritt in die Verbindlichkeit miteinander zu wagen.

Heiraten, weil ein Kind unterwegs ist?

Es gibt übrigens eine sehr versteckte und immer beliebter werdende Möglichkeit, den Schritt in die Verbindlichkeit zu vermeiden: Man heiratet, weil ein Kind unterwegs ist. Damit vollzieht man zwar eine klare Beziehungsdefinition, aber diese wird »wegen des Kindes« vorgenommen und nicht, »weil ich Mann mich dir als Frau geben« und »ich Frau mich dir als Mann geben will«. Es sollen hier keine generellen Unterstellungen gemacht werden. Es muss sicher nicht immer so sein. Oft ist das Kind, das sich anmeldet, der Anlass, den bereits vorher als fällig gefühlten Schritt in die Verbindlichkeit endlich zu tun. Das Kind hilft dem oder den Zögerlichen, seine/ihre Ängste zu überwinden. Dennoch scheint mir die kritische Anfrage berechtigt, ob der Heiratsentschluss erst angesichts der Schwangerschaft nicht doch auch ein Herummogeln um die Entscheidung füreinander darstellt. Denn es geht hier um eine Entscheidung auf der Paarebene, die eine Elternschaft erst begründet – und nicht umgekehrt. Gar nicht so selten bleibt die Frage offen: »Hat sie mich wirklich als Mann gewollt? Oder etwa nur als Vater ihres Kindes?« – »Hat er mich wirklich als Frau gewollt oder nur deshalb, weil er keine uneheliche Vaterschaft wollte?« Ohne puristisch sein und Maximalforderungen aufstellen zu wollen, möchte ich doch sagen: Paare haben für ihre Zukunft eine festere Grundlage, wenn sie sicher sind, dass die Entscheidung füreinander aufgrund ihrer Beziehung als Frau und Mann und unabhängig von einem gemeinsamen Kind oder gemeinsamen Kindern gefallen ist.

Einwände

Heißt das bisher Gesagte nicht, dass hier wieder für die lebenslange Ehe plädiert wird – nicht mehr mit weltanschaulich-moralischen Argumenten, aber mit psychologischen?

Wird hier nicht wieder eine Festlegung verlangt, die uns Menschen gar nicht möglich ist, und läuft das nicht doch wieder auf die Zwänge hinaus, eine Beziehung aufrechterhalten zu müssen, die unter Umständen schon längst tot ist?

Ja, ich plädiere in gewisser Weise für die lebenslange Partnerbeziehung, und zwar in folgendem Sinn: Das Ja zum Partner, wie ich es oben beschrieben habe, will ein unbedingtes sein: »Bei Tag und bei Nacht, bei Gesundheit und Krankheit, in guten wie in schlechten Tagen...«. Was wäre ein Ja zum anderen wert, das ich an Bedingungen knüpfen und im Vorhinein mit möglichen Ausnahmen versehen würde? Es wäre ein Ja mit Vorbehalt und es würde das, was wir wünschen und wollen, nicht erfüllen. Es wäre nicht dieses Ja zu mir, das ich in der Tiefe meiner Seele suche und brauche. Die Verbindlichkeit ist in dem Moment, wo sie eingegangen wird, un-bedingt. Sie wäre sonst gar keine Verbindlichkeit. In diesem Sinn finde ich es auch höchst angemessen, wenn Paare sich, wie es in den Hochzeitsritualen beider christlichen Kirchen vorgesehen ist, diese Verbindlichkeit zusagen: »Bis der Tod uns scheidet«. Darin kommt ihre Unbedingtheit am prägnantesten zum Ausdruck.

Das heißt allerdings nicht, dass damit das Gelingen der Beziehung bereits vorweggenommen wäre oder das Zusammenbleiben unter irgendeinen Zwang gestellt wird. Natürlich kann auch eine Beziehung, die mit dieser Verbindlichkeit eingegangen wurde, scheitern, durch die unterschiedlichsten Ursachen und Entwicklungen. Zudem bin ich der Überzeugung, dass eine Beziehung gar nicht immer »gescheitert« sein muss, wenn die beiden sich trennen. Es kann sein, dass sie eine Zeit lang gut und wichtig war, dann aber ihren Zweck erfüllt hat und somit zu Ende ist, weil die Wege der beiden in verschiedene Richtung führten. Eine Beziehung, auch wenn wir sie in dieser Verbindlichkeit eingegangen sind, kann dennoch zu ihrem Ende kommen. Wenn wir etwas unbedingt wollen, ist das zwar eine gute

Voraussetzung, dass wir es erreichen, jedoch noch lange keine Garantie. Zu unserem menschlichen Schicksal gehört es, dass wir uns unbedingt engagieren müssen, es aber doch nicht in der Hand haben, was dabei herauskommt. Das gilt auch für die Paarbeziehung. Mit diesem Risiko müssen wir leben, und wollten wir dieses Risiko nicht eingehen, würde gar nichts Rechtes herauskommen. Unser Leben würde schal und oberflächlich. »Nur wer an das Unmögliche glaubt, wird das Mögliche verwirklichen« – so oder ähnlich habe ich es unlängst auf einem Poster in einem Zugabteil gelesen. Dieser Satz gilt auch für die Paarbeziehung. Denn selbst wenn sie scheitert, werde ich sie in einer anderen Qualität gelebt haben, als wenn ich sie von Vornherein nur als Lebensabschnitts-Partnerschaft eingegangen wäre.

Kann Verbindlichkeit in der Beziehung denn nur in einer formellen Ehe gelebt werden, wie es die vorausgehenden Ausführungen nahezulegen scheinen? Braucht es die juristischen Konsequenzen, braucht es das Standesamt und das kirchliche Ritual? Diese Äußerlichkeiten schaffen doch nur Zwänge, die einer lebendigen Beziehung eher abträglich sind!

Der Akt der Beziehungsdefinition, von dem hier die Rede war, und die äußere Form sind natürlich zweierlei. Es kann gute Gründe geben, menschliche, juristische, steuerliche, vermögensrechtliche und so weiter, welche die beiden zu dem Entschluss bringen, das Standesamt und/oder das kirchliche Trauungsritual zu vermeiden und im juristischen Sinn ledig zu bleiben, obwohl man sich eindeutig zu einer verbindlichen Lebensgemeinschaft miteinander bekennt. Das steht für mich außer Frage.

Andererseits: Wir Menschen sind leibliche und soziale Wesen. Das bedeutet in unserem Zusammenhang zweierlei: Damit etwas für uns volle Wirklichkeit wird, wollen wir es nach außen zum Ausdruck bringen, und wir wollen es anderen mitteilen und mit anderen teilen. Darum entspricht ein Ritual in der Gemeinschaft und vor Vertretern dieser Gemeinschaft, wie es beim Eingehen einer Ehe üblich ist, genau dem, worum es hier geht. Die Vermeidung dieses Ausdrucks im Ritual, die Vermeidung der Öffentlichkeit in diesem Zusammenhang, auch die Vermeidung der entsprechenden rechtlichen Konsequenzen, sind darum nicht selten Symptome dafür, dass der Mut und der Wille zur Verbindlichkeit doch nicht ganz vorhanden waren und dieser Schritt ein Stück weit vermieden worden ist. Ich habe mir darum angewöhnt, ohne von Vornherein etwas zu unterstellen, unverheiratete Paare, die zu mir kommen, immer zu fragen: »Warum sind sie nicht verheiratet?« Oft steche ich damit in ein Wespennest, denn ich thematisiere Grundfragen dieser Beziehung, die vom Paar bisher zu stellen tunlichst vermieden worden sind.

In den vorausgehenden Ausführungen wird so getan, als ob man Liebe »beschließen« könnte, und das »ein für allemal«. Birgt das nicht die Gefahr in sich, dass man träge wird, dass man meint, es sei mit der klaren Beziehungsdefinition getan, und sie so zu einer leeren Hülle wird, hinter der die lebendige Liebe modert und stirbt? Muss sich Liebe nicht jeden Tag neu erweisen, neu bewähren, und ist es da nicht besser, der Entwicklung einen offenen Raum zu lassen – statt sich festzulegen?

Zum menschlichen Leben gehört beides: Es muss sich etwas entwickeln können – dafür ist es wichtig, abzuwarten, sich Zeit zu lassen. Aber es gibt auch den Moment, den »Kairos«, da muss entschieden, gehandelt werden, selbst dann, wenn noch die eine oder andere Unklarheit und Unsicherheit vorhanden ist. Das ist die Kunst, von der hier die Rede ist: Zuwarten können, der Beziehung Zeit lassen, sich zu entwickeln – also eine gewisse Passivität; und dann, wenn wir spüren, dass es Zeit ist, sich entscheiden, sich festlegen – also aktiv werden, handeln. Wenn nicht irgendwann spürbar wird, dass »es« jetzt dran ist, ist das wie gesagt ein Grund, ernsthaft über Trennung nachzudenken.

Dabei sehe und erlebe ich natürlich auch immer wieder die Gefahr, in der vor allem die Männer stehen, nämlich zu meinen, mit diesem Schritt, zum Beispiel mit der Heirat, alles Wesentliche für die Beziehung getan zu haben. Aber das wäre ein großes Missverständnis dessen, was ich hier sagen möchte. Die Entscheidung füreinander muss im täglichen Leben umgesetzt, eingeholt, immer wieder neu vollzogen werden. Darüber wird in diesem Buch noch ausführlich die Rede sein. Auch wenn ich es nicht in der Hand habe, dass es gelingt: Der Akt der Verbindlichkeit beinhaltet, dass ich alles daransetzen werde, diese Verbindlichkeit im täglichen Leben zu realisieren.

Hinweise

1. Wenn Sie in einer »undefinierten« Beziehung leben und bei sich das Bedürfnis spüren: Jetzt müsste ein nächster Schritt erfolgen, ich möchte mehr Klarheit, mehr Sicherheit, mehr Eindeutigkeit haben, dann stellen Sie diesen Impuls nicht gleich wieder in Frage. Manche werten solche Wünsche sogleich ab: als kindliches Sicherheitsbedürfnis oder unangemessenes Bestreben, den anderen besitzen zu wollen. Sicher ist es gut, die eigene Motivation hier kritisch zu befragen. Aber Sie dürfen auch damit rechnen, dass dieses Bedürfnis die innere Konsequenz Ihrer Liebe zueinander ist und das Zeichen, dass der nächste Schritt Ihrer Weiterentwicklung dran ist. Darum haben Sie den Mut, darüber mit dem Partner zu sprechen.
2. Wenn Sie den Schritt zur verbindlichen Beziehungsdefinition auf dem Standesamt beziehungsweise in der Kirche vollziehen, lassen Sie es nicht allein bei den vorgesehenen Ritualen und überlassen Sie die Regie nicht

einfach dem Standesbeamten oder dem Pfarrer. Füllen Sie das Ritual durch eigene Gestaltung mit Leben und geben Sie dem Vollzug ihre persönlichen Züge: durch selbst gewählte Texte, Musik, Gesten und Symbole. Dies ist heute vor allem im kirchlichen Bereich durchaus möglich. Haben Sie den Mut, im Ritual ihre eigenen Vorstellungen von dem Schritt, den sie jetzt tun, zu verwirklichen.

3. Wenn Sie sich entschieden haben, keine »offizielle« Ehe einzugehen, überlegen Sie trotzdem, ob sie nicht aus Anlass Ihres »Ja« zueinander ein privates Ritual im Kreis ihrer Verwandten und Freunde durchführen sollten. Wir konstruieren in dem Sinn unsere Wirklichkeit selbst, dass wir durch die Art und Weise, wie wir ein Ereignis gestalten, dieses wichtig, bedeutsam oder unwichtig, nebensächlich machen. Durch rituelle Gestaltung erhält der Schritt zur Verbindlichkeit seine ihm angemessene Bedeutsamkeit für unser Leben. Anders spielen wir ihn herunter und machen ihn dadurch ein Stück weit nebensächlich.

4. Sollten Sie bemerkt haben, dass Sie irgendwann einmal zwar äußerlich bestimmte Akte vollzogen, zum Beispiel eine formelle Ehe eingegangen sind, aber damals innerlich den Schritt in die Verbindlichkeit nicht wirklich vollzogen haben, weil Sie »wegen des Kindes« geheiratet haben, oder »weil es praktischer war«, weil Sie so Steuern sparen konnten und dergleichen, können Sie den inneren Schritt jetzt immer noch nachholen, indem Sie beispielsweise ein nachträgliches Hochzeitsritual veranstalten, bei dem Sie Ihre Zusage zueinander als Mann und Frau auch innerlich »nachholen«.

2 Lernen Sie einander gut kennen
Die Kunst, die Fremdheit zu überwinden

»Ich bin völlig überrascht, wie anders du bist!«

Ich erinnere mich an ein Paar in der Therapie, dem ich die Aufgabe gegeben hatte, sich einmal in der Woche zusammenzusetzen und ein Gespräch in der Form zu führen, dass der eine erzählen sollte, was ihn gerade innerlich bewegte, während der andere nur zuhören und nachfragen, nicht aber mit eigenen Aussagen dazwischenkommen durfte, und nach einer bestimmten Zeit sollten sie die Rollen wechseln. »Diskussionen« über das Gesagte sollten keine stattfinden. Das Paar hielt sich an diese Regel, und als ich sie wieder traf, rief die Frau aus: »Das war eine schwierige Übung! Ich bin völlig überrascht und hätte nie gedacht, wie anders mein Mann ist, als ich bin!«

Wenn zwei Menschen sich ineinander verliebt haben, besteht ein Teil ihrer Verliebtheit darin, dass sie sich einander so wunderbar vertraut fühlen. »Als hätten wir uns schon hundert Jahre lang gekannt«, sagen sie manchmal. Dieses Gefühl der Vertrautheit ist in der Regel keine Täuschung.

Verliebtheit besteht ja gerade darin, dass zwei sich in der Tiefe berühren, dass es eine Begegnung ihrer Herzen gibt, die sie tief miteinander verbindet. Oft wird erst viel später deutlich, was das war oder ist: ein ähnliches Schicksal zum Beispiel, das sie einander so nahefühlen lässt, eine Gemeinsamkeit in wesentlichen Lebenseinstellungen, die sie intuitiv erfassen, oder eine wunderbare Ergänzung, die sie wechselseitig fasziniert. »Die beiden verstehen sich«, sagen dann die Leute bewundernd oder ein wenig neidvoll, wenn sie beobachten, wie sie miteinander umgehen. In der Verliebtheit erfassen wir tatsächlich Wesentliches von der Person des anderen und von den Möglichkeiten, die wir miteinander an Entfaltung und Entwicklung haben (Willi 2002, S. 137–146).

Das heißt allerdings noch nicht ohne Weiteres, dass wir den Weg der Realisierung dafür auch finden und gehen werden. Und noch weniger heißt es: Dass wir den anderen dadurch schon wirklich kennen. Wir kennen etwas von ihm, vielleicht etwas Wesentliches, aber ganz Vieles bleibt im Dunkel, im Verborgenen. In der Verliebtheit entdecken und erfassen wir, was vom anderen zu uns passt, das andere blenden wir aus. Wir bemerken es nicht, oder wir schauen bewusst ein wenig weg davon. Das lässt sich allerdings im Alltag des Zusammenlebens nicht durchhalten. Da zeigt sich dann, dass vieles am anderen neu, fremd, ja befremdlich ist. Diese Erfahrung bringt oft die ersten Enttäuschungen in die Liebe und läutet das Ende der Verliebtheitsphase ein. Ist das der Anfang vom Ende?

Er kann es sein. Dann nämlich, wenn ich daran festhalte, dass die Verliebtheit mit der in ihr erfahrenen genauen Passung zwischen dir und mir schon die Liebe schlechthin sein soll, und wenn ich die Fremdheit, auf die ich stoße, wenn auch die bisher unbekannten Seiten des anderen hervortreten, als einen Gegensatz dazu erlebe. Dann nämlich beginne ich, was M. L. Moeller (1988, S. 138 ff.) »den anderen kolonialisieren« nannte. Das heißt: Ich sperre mich dagegen, den anderen als anderen wahrzunehmen, ich hole ihn sozusagen in das Gebiet meines eigenen Ich herein und beginne zu bekämpfen, was sich am anderen dagegen sträubt, auf diese Weise »eingemeindet« zu werden. So stellt zum Beispiel Rilke in seinem berühmten Gedicht den Orpheus dar: Er nimmt Eurydike nur als seine bewunderte und ihn bewundernde Muse wahr, kann jedoch nicht akzeptieren, dass sie »in der Unterwelt« eine andere geworden und durch eine eigene Entwicklung gegangen ist. So dreht er sich nach ihr um, um sie wieder unter seine Kontrolle zu bringen, und verliert sie dadurch endgültig (vgl. dazu Jellouschek 2001, S. 87–102).

Interesse, Neugier, Staunen

Wir kennen den anderen, auch wenn wir heftig in ihn verliebt waren oder sind, noch sehr wenig, ja wir werden ihn niemals wirklich »durch und durch« kennen lernen. Das heißt aber: Ich muss mich darauf einstellen, dass mein Mann, meine Frau – nicht nur im Sexuellen, wie uns seinerzeit Oswald Kolle nahezubringen suchte – ein »unbekanntes Wesen« ist. Ein unbekanntes Wesen, das es erst kennen zu lernen gilt. Damit ich nicht – wie so mancher »Orpheus« männlichen und weiblichen Geschlechts – böse Überraschungen erlebe, ist es darum von Vornherein besser, mich mit einer gewissen Entdeckerlust auf den anderen einzulassen. Dazu gehören: Interesse am anderen und eine gewissermaßen »ästhetische Haltung« ihm gegenüber.

Was ist damit gemeint? Um ein etwas banales (aber zugleich auch »basales«) Beispiel zu wählen: Wenn ich merke, dass der Partner das Geschirr in der Ablage lieber bis morgen früh stehen lässt, während ich mir angewöhnt habe, es sofort abzutrocknen und wegzuräumen, habe ich die Wahl, entweder darüber befremdet zu sein und es zu kritisieren, oder ich kann mit Interesse feststellen, dass der andere in diesem Punkt anders ist als ich, und ich kann zu ergründen suchen, warum. Er hat vielleicht sogar gute Gründe für sein Verhalten, zum Beispiel, dass das Geschirr so abtropfen kann und ein Abtrocknen gar nicht mehr nötig ist... Statt den anderen zu »kolonialisieren«, mache ich so einen Schritt aus meiner Welt heraus in die Welt des anderen, und unter Umständen erweitere ich auf diese Weise sogar meine eigenen Sichtweisen und Handlungsoptionen.

»Ästhetische Einstellung« dem anderen gegenüber: Das heißt, ich beobachte mit Neugier, Interesse und Staunen das Anderssein des anderen. »Aha, du machst das so. Interessant, so ist das bei dir! Wie kommt es, dass du das so machst, dass du dazu diese Meinung hast, dass du dich in diesem Zusammenhang so verhältst...?« Ich beginne den anderen und seine Welt zu erforschen. Ich gehe nicht mehr davon aus, dass er genau so ist wie ich, sondern ein anderer...

Das bekommt der Liebe sehr gut. Denn Liebe hat doch damit zu tun, dass ich aus mir heraus auf den anderen zugehe, dass ich den anderen nicht »mir einverleibe«, sondern mich dem anderen »hin-gebe«. Durch das Anderssein des anderen, wenn ich mich mit Neugier, Interesse und »ästhetischer Haltung« dem öffne, werde ich aus meinen – oft ja recht engen – Ichgrenzen herausgelockt auf eine spannende Reise in das weite Land des anderen. Das tut dem anderen gut, weil er sich so in seiner Eigenart respektiert und geachtet fühlt, und das tut auch mir gut, weil ich ein wenig mich selber lassen lerne.

Wenn wir uns auf solche Weise aktiv um die Eigenart(en) des anderen kümmern, lernen wir etwas ganz Wesentliches für die Partnerliebe, nämlich Empathie, Einfühlung. Einfühlung heißt, um ein Bild von R. Welter-Enderlin (1996) zu gebrauchen, »mich in die Schuhe des anderen stellen«. Ich gehe aus mir heraus auf seine Seite und betrachte vorübergehend nicht mehr aus meiner, sondern aus seiner Perspektive die Welt. Wenn Kurt erlebt, dass Lisa dazu neigt, pausenlos zu reden, ohne dass dabei viel Information herüberkommt, und ihn das zu nerven beginnt, kann er verstehen lernen, dass es ihr nicht auf die Information ankommt, sondern dass sie auf diese Weise Kontakt sucht und Verbindung herstellen will. Und wenn Kurt dazu neigt, sich für Lisas Geschmack allzu oft und zu lang hinter seine Bücher zu verkriechen, kann sie verstehen lernen, dass er diesen Rückzug braucht, um den Kontakt zu sich selber nicht zu verlieren. Jeder beginnt den anderen aus seiner Eigenart heraus zu verstehen. Das ermöglicht Akzeptanz, und es trägt unter Umständen sogar zur Erweiterung des eigenen Repertoires bei: Kurt kann an der Eigenart Lisas lernen, etwas mehr aus sich herauszugehen, und Lisa, gewisse Rückzugsphasen auch für sie wichtig und gewinnbringend zu entdecken.

Sich in die Schuhe des anderen stellen, die Dinge aus seiner Perspektive betrachten lernen, gerade dort, wo ich auf sein Anderssein stoße, das ist ein wesentliches Element einer dauerhaften Partnerliebe. Allerdings nur unter der Voraussetzung, dass es wechselseitig geschieht. Auf dieses Thema der Wechselseitigkeit werden wir noch ausführlich zu sprechen kommen. Hier sei nur so viel schon gesagt: Wenn es einseitig geschieht, wenn nur einer sich um das Verstehen des anderen bemüht und Einfühlung in den anderen übt, wird die Beziehung zu einem Ausbeutungsverhältnis. Selbst wenn Frauen »von Natur aus« in dieser Hinsicht die begabteren sein sollten, kann eine Beziehung heutzutage nicht mehr gelingen, wenn nicht die Männer sich ebenso um diese Haltung bemühen.

Das Kind im anderen kennen lernen

Den anderen kennen lernen, ihn in seiner Eigenart »erforschen« und verstehen lernen, das gilt ganz wesentlich auch für den Partner in seinem »Geworden-Sein«. Wir kennen den anderen nicht, wenn wir nicht auch seine Geschichte kennen und ihn aus dieser Geschichte heraus in dem, wie er jetzt ist, besser verstehen. Unsere Geschichte ist nicht nur etwas Vergangenes. Das Kind, das wir einmal waren, lebt in uns und zeigt sich immer wieder, oft allerdings versteckt oder »maskiert«. Wir müssen nach diesem Kind suchen, um es zu entdecken.

Was ich hier meine, kann ich am leichtesten an einem Beispiel deutlich machen: Friedrich und Gerlinde sind ein Paar, leben aber nicht zusammen, und die Frage, »Nägel mit Köpfen« zu machen, zusammenzuziehen, zu heiraten, oder aber sich zu trennen und eigene Wege zu gehen, steht in letzter Zeit ständig im Raum. Die beiden sind sehr verschieden, sie lebendig, sprudelnd, aktiv und initiativ, er bedächtig, zurückhaltend und ruhig. In der Verliebtheitsphase hat sie das sehr aneinander fasziniert, im Alltag wird es immer konflikthafter. Sie erlebt ihn passiv, sich entziehend, resignativ, er erlebt sie kontrollierend, ungeduldig, aggressiv. Immer wieder eskalieren sie konflikthaft, vor allem weil sie sich immer wieder von ihm hängen gelassen und er sich von ihr massiv abgeurteilt, ja oft vor-verurteilt fühlt: Er hat es übernommen, den Urlaub zu organisieren, und sie denkt, das würde er nächste Woche tun. In der nächsten Woche geschieht aber nichts. Sie fragt nach, sie drängt. Er fühlt sich ge-drängt, wehrt ab, zieht sich zurück. Weil die darauf folgende Woche noch immer nichts passiert, geht sie schließlich selbst wutentbrannt ins Reisebüro und bucht den Urlaub. Das macht nun aber ihn genauso wütend, denn gerade an diesem Tag wollte er das doch ohnehin machen. Er fühlt sich abgewertet, sie sich hängen gelassen. Oder: Sie vereinbaren eine gemeinsame Autofahrt. Wer zum vereinbarten Zeitpunkt nicht da ist, ist Friedrich. Sie steht im Halteverbot, weil sie keinen Parkplatz gefunden hat, und steht tausend Ängste aus, deshalb einen Strafzettel zu bekommen oder wegfahren zu müssen und ihn dann zu verpassen. Als er angehetzt kommt, fällt sie über ihn her, gibt ihm keine Chance, irgendetwas zu erklären. Sie fühlt sich wieder hängen gelassen, er wieder abgeurteilt und heruntergemacht.

Weil Derartiges in der Beziehung immer und immer wieder passiert – »Ich fühle mich von ihm hängen gelassen«/ »Ich fühle mich ihr gegenüber unfähig und abgeurteilt« –, denken sie immer öfter darüber nach, einen endgültigen Strich unter die Beziehung zu ziehen. Wir sprechen in den Stunden darüber, dass sie grundlegend unterschiedliche Einstellungen zur Wirklichkeit haben, sie ist extraviert und auf praktisches Tun ausgerichtet, er dagegen introvertiert und eher ein Denk-Typ. Das können sie gut verstehen, sie bemühen sich auch um Empathie und Akzeptanz, aber diese gelingt immer nur punktuell. In der Konfliktsituation treffen sie offensichtlich wechselseitig immer wieder so wunde Punkte des anderen, dass sie fast unweigerlich wieder in ihre schlimmen Eskalationen geraten.

So lasse ich mir von ihnen ein wenig aus ihrem Leben und aus ihrer Vorgeschichte erzählen. Gerlinde war die einzige Tochter ihrer Mutter, die noch eine sehr kindliche, unselbstständige Frau war, als sie sie zur Welt brachte. Der Vater blieb zwar mit ihr verheiratet, wandte sich aber bald anderen Frauen zu. Das stürzte die Mutter so in Verzweiflung, dass sie immer wieder mit Weglaufen und Selbstmord drohte. Die kleine Gerlinde lebte häufig deshalb in Angst und Panik und versuchte alles Mögliche, um die Mutter davon abzuhalten. Sie musste ständig auf der Hut sein, beobachtete genau, was geschah, und versuchte, alles um sie herum unter Kontrolle zu halten. Friedrich war ebenfalls Einzelkind, sein Vater ein sehr zurückhaltender, verschlossener Mann. Er ging zwar nicht fremd, lebte aber in seiner eigenen Welt und war für die Frau nicht zugänglich. Immer stärker rückte darum für sie der kleine Friedrich in die Rolle des Partners. Ihre Emotionalität suchte bei ihm Resonanz, ihr Geborgenheitsbedürfnis bei ihm Halt. Damit war der Junge allerdings vollständig überfordert, und dies wiederum führte zu ständigen Enttäuschungen der Mutter und immer neuen Abwertungen seiner Person. Noch als Erwachsener spürte er das schlechte Gewissen, dass er ihr einfach nicht gerecht werden konnte.

Als wir darüber sprachen, ging beiden immer deutlicher auf: Genau diese Erfahrungen in ihrer Herkunftsfamilie wiederholten sie jetzt in ihrer Beziehung miteinander. Sie fühlte sich von ihm hängen gelassen und darum immer stärker genötigt, alles unter Kontrolle zu halten, genau wie damals bei ihrer Mutter. Und er bekam immer wieder dasselbe resignative Gefühl wie damals, der Mutter nicht gerecht zu werden und darum nichts wert zu sein. Als sich die beiden ansahen, sahen und spürten sie in diesem Moment im anderen das Kind in seinen Nöten von damals. Er erfasste: Ich bringe dich mit meinem Verhalten genau in dieselbe Not von damals, hängen gelassen zu werden und alles kontrollieren zu müssen. Und sie bemerkte: Und ich, wenn ich so wütend über dich herfalle, löse bei dir dieselbe Resignation und hilflose Passivität aus, die du damals bei deiner Mutter erlebt hast.

Hier war nun ein wesentlicher Zugang zum anderen geschaffen. Sie verstanden wichtige Zusammenhänge zwischen Jetzt und Damals, und vor allem: Sie verstanden es nicht nur im Kopf. Sie berührten sozusagen gegenseitig liebevoll ihre verletzten Kinder von damals. Wo immer wieder die gegenseitige Aggression aufflammte, entwickelten sie nun immer häufiger Mitgefühl mit dem anderen und die Bereitschaft, sich gegenseitig in diesen Punkten zu unterstützen, statt übereinander herzufallen.

Das war ein entscheidender Wendepunkt, und so erlebe ich es oft bei Paaren: Wenn sie die Not ihrer »inneren Kinder« kennen lernen, wenn sie zu verstehen beginnen, wo sie in der Beziehung wechselseitig auf ihre wunden Punkte von damals stoßen. Hier gibt es erfahrungsgemäß in jeder Beziehung die heftigsten Konflikte, hier ist aber auch der Ansatzpunkt zu neuer Begegnung und zu einem tiefen wechselseitigen Verstehen.

Partner sollten sich darum viel voneinander erzählen, und sie sollten viel voneinander wissen wollen. Sonst droht die Gefahr wachsenden gegenseitigen Befremdens und fortschreitender Entfremdung. Die Entdeckung der fremden Seiten am Partner wird so nicht zum Verlust der anfangs erlebten Vertrautheit, sondern im Gegenteil zur Chance, diese zu vertiefen und zu erweitern. Damit geschieht ein wesentlicher Schritt zur Weiterentwicklung der Verliebtheits-Liebe in eine reife Erwachsenen-Liebe.

Kennen lernen – lieben lernen

Warum ist es also wichtig, in diesem fortlaufenden Prozess des einander Kennenlernens zu bleiben? Ich fasse das Gesagte nochmals zusammen:

1. Wenn ich nicht verdränge, ausblende oder später bekämpfe, was mir am anderen auch fremd ist, sondern es aufmerksam betrachte und beachte, kommt er »als anderer« in den Blick. Ich begegne damit der Gefahr, ihn »einzugemeinden« und ihm damit nur in einem Teil seiner Persönlichkeit gerecht zu werden.
2. Wenn ich der Fremdheit des anderen begegne, bin ich herausgefordert, ein Stück weit die eigenen Ichgrenzen zu übersteigen. In der Liebe geht es um Hin-gabe, nicht um Einverleibung.

3. Dadurch, dass ich mich auf Entdeckungsreise zum anderen begebe, lerne ich Empathie, Einfühlungsvermögen. Dieses besteht darin, dass ich imstande bin, aus mir herauszugehen und mich in den anderen hineinzuversetzen. Und das ist eine zentrale Fähigkeit des Menschen, der zu lieben versteht.
4. Oft enthält das Kennenlernen und Verstehen der fremden oder sogar befremdlichen Seiten des anderen auch sehr förderliche Entwicklungsherausforderungen für mich selbst: Ich lerne zum Beispiel geduldiger zu werden, ich lerne meine eigene Art zu relativieren, weil ich sehe, dass es anders auch ganz gut, manchmal sogar besser geht. Oder der andere fordert mich gerade mit seiner »fremden« Eigenart stark heraus, meine eigenen wunden Punkte und Defizite ins Auge zu fassen, dafür Verantwortung zu übernehmen und etwas dafür zu tun.

Einwände

Ist das wirklich ein Ziel, möglichst alles vom anderen zu wissen? Soll der andere nicht immer auch ein Geheimnis bleiben? Führt der hier vertretene Grundsatz nicht zu einer die Liebe gefährdenden Entzauberung des anderen?

Keine Sorge! Der andere wird mir immer auch ein Geheimnis bleiben. Wie ich meine, deutlich gemacht zu haben, geht es bei der vorgeschlagenen Entdeckung des anderen nicht um eine kaltschnäuzige und distanzierte Analyse. Es ist ein Erforschen und Entdecken aus einer Haltung liebenden Interesses. Begegne ich dem anderen in dieser Haltung, tun sich mir immer wieder neue Welten auf. Je mehr ich ihn mir vertraut mache, desto mehr erlebe ich ihn auch als etwas Geheimnisvolles, das immer wieder anziehend bleibt und von neuem anziehend wird.

Richtig ist zweifellos: Wenn einer vom Partner sagt, »Ich kenne ihn oder sie in- und auswendig«, dann will er damit oft begründen, dass nicht mehr »viel los« ist in der Beziehung, meist vor allem im sexuellen Bereich. Meiner Erfahrung nach ist dieses Kennen allerdings eher ein Sich-an-den-anderen-gewöhnt-Haben, den anderen in den grauen Alltag eingereiht haben, ihn wie eines der täglichen und gebrauchten Möbelstücke zu erleben, deren Anwesenheit man selbstständig voraussetzt, deren Existenz einem aber gar nicht mehr so recht bewusst ist. Diese Art von »Kennen« tötet auf die Dauer die lebendige Liebe tatsächlich, und wenn es überhandnimmt, ist es gerade angesagt, sich auf den Weg eines neuen Kennenlernens zu begeben, neue Begegnung zu wagen, sich mit dem Herzen dem anderen wieder zuzuwenden. Nicht selten passiert genau das durch eine Krise, die alles bisher Gewohnte durcheinanderwirbelt. Vielleicht aber könnte man manche Krise vermeiden, wenn man schon ohne eine solche immer wieder die Entdeckungsreise in das unbekannte Land des anderen wagen würde.

Es gibt Menschen, die wollen nicht über ihre Vergangenheit reden. Manchmal haben sie auch so gut wie keine konkreten Erinnerungen daran. Auf jeden Fall ist ihnen das Thema Vergangenheit und Herkunftsfamilie höchst unsympathisch. Hieße das, zu solchen Menschen wird immer eine Distanz bleiben und würde eine Beziehung sehr beeinträchtigt?

Manchmal sind Partner solcher Menschen so sensibel und intuitiv, dass sie trotzdem die wesentlichen Dinge beim anderen »ahnen« und sie mit großem Einfühlungsvermögen berücksichtigen. Aber wenn jemand nicht über solche Fähigkeiten verfügt, macht es ihm der, der nicht über sich und seine Vergangenheit sprechen will, sehr schwer. Die Gefahr, dass eine Fremdheit bleibt, die nicht überwindbar ist und bestehen bleibt, ist dadurch gegeben.

Die andere Gefahr ist, dass die Beziehung eine sehr einseitige Angelegenheit wird: Der eine, meist die Frau, ahnt und erfasst und berücksichtigt alles Mögliche beim Partner, und dieser, meist der Mann, bleibt in sich hermetisch abgeschlossen wie ein Turm ohne Fenster. Eine Zeit lang mag das gut gehen, vielleicht gibt es dem Verschlossenen sogar das Flair des Faszinierenden und Interessanten. Aber auf die Dauer wird es, wie schon erwähnt, ein Ausbeutungsverhältnis, und wenn die Frau dann einem offenen, mitteilsamen Mann begegnet, kann die Beziehung sehr rasch zu Ende sein, und der frühere Partner bleibt einsam in seinem Turm zurück.

Manche Menschen haben schlimme, entwürdigende Dinge in ihrer Kindheit erlebt, wie Gewalt und Missbrauch. Manche haben auch Dinge getan, derer sie sich heute schämen und über die sie deshalb nicht reden wollen. Soll man das alles dem anderen offenbaren? Kann es nicht sein, dass er sich dann geschockt abwendet?

Was heute wirklich keine Rolle mehr spielt, was wirklich vergangen ist, muss ich nicht offenbaren. Ich »muss« überhaupt nichts offenbaren. Es geht vielmehr darum, dem anderen nahzukommen und den anderen nahe an mich heranzulassen. Was in meiner Gegenwart keine Rolle mehr spielt, was in diesem Sinn wirklich vergangen, weg ist, muss ich nicht hervorholen, weil es in meinem Hier und Jetzt nicht mehr vorkommt. Es geht hier um die Dinge, die in meine Gegenwart hereinwirken, die mich bedrängen, beeinflussen, manchmal umtreiben... In den meisten Fällen wird das bei erlebter Gewalt und erlittenem Missbrauch so sein, aber wie jeder weiß, gibt es da noch viel mehr und Subtileres, das von dieser Art ist: Es fließt in mein Verhalten und in die Art, wie ich bin und mich gebe, auf vielfache Weise ein. Es geht, auch bei Dingen, die ich nicht erlitten, sondern selber zu verantworten habe, um die *unerledigten* Angelegenheiten, die immer noch meine Seele und mein Gemüt bedrängen, beschäftigen, mich umtreiben. Offenbare ich diese dem Partner nicht, offenbart er sie nicht vor mir, lernen wir wichtige Teile unserer Persönlichkeiten nicht kennen. Die daraus resultierenden Verhaltensweisen bleiben fremd und befremdlich. Es wird daraus ein »bösartiges Geheimnis«, das die Beziehung vergiftet, zum Beispiel wie im Fall von verschwiegenem Missbrauch: Weil der Partner nichts weiß davon, schiebt er die sexuellen Probleme, die daherrühren, dem Partner als Schuld oder Unfähigkeit in die Schuhe und macht ihn noch ein weiteres Mal zum Sündenbock, anstatt mitfühlend auf das Erlittene einzugehen.

Hinweise

1. Wann immer Sie den Impuls dazu haben, erzählen Sie dem Partner von sich, von Ihrem Erleben, von Ihren Gedanken und Gefühlen zu diesem und jenem, und: von Ihrer Geschichte. Wenn man die Eltern oder andere Mitglieder der Herkunftsfamilien besucht hat oder von ihnen besucht wurde, wenn besondere Feste und Feiern anstehen oder vorüber sind, dann sind das solche Anlässe, wo einem dieses oder jenes einfällt von früher. Teilen Sie es dem Partner mit. Manchmal kommen einem auch Erinnerungen oder steigen Bilder in einem hoch, ohne dass man weiß, warum. Es kann wichtig sein, sich im Austausch mit dem Partner damit zu beschäftigen. Oft werden dann darin wichtige Lebensthemen wach, mit denen sich neu zu beschäftigen für die Entwicklung unter Umständen von Bedeutung ist.
2. Dasselbe gilt auch in der anderen Richtung: Seien Sie neugierig und interessiert am anderen. Sprechen Sie alles an, was Ihnen an ihm »frag-würdig« erscheint. Und: Tun Sie es, bevor Sie über das Fremde, das Ihnen in ihm begegnet, ärgerlich werden und das Bedürfnis haben, es zu kritisieren.
3. Manchen Paaren hilft es, ein anderes Medium als das Gespräch dafür zu benützen. Sie schreiben sich zum Bei-

spiel in gewissen Abständen Briefe, auch wenn sie zusammenleben und es äußerlich nicht »nötig« wäre, brieflich zu verkehren. Briefe sind ein gutes Gegenmittel gegen das Gewöhnlich-Werden des anderen und für den anderen, sie geben die Möglichkeit, Seiten von sich zu zeigen und mitzuteilen, die im direkten Gespräch nicht in Worte zu fassen sind.

4. Wenn es darum geht, sich selbst und/oder den anderen als Kind besser kennen und spüren zu lernen, kann ausführliches Befragen der Eltern-Generation sehr hilfreich sein. Ergänzend oder auch alternativ dazu ist die Lektüre zeitgeschichtlicher Literatur sehr nützlich. Wie es unserer Generation als Kind ergangen ist, das ist immer noch stark von der Zeit des Zweiten Weltkrieges und der Nachkriegszeit bestimmt. Darüber sind in den letzten Jahren gute Bücher erschienen, die uns auch einen neuen Zugang zu unserer Elterngeneration und darum zu uns selbst als Kind ermöglichen (vgl. Haffner 2000, Hamann 2002, Schenk 2002).

5. Es kann sein, dass sehr wichtige Erlebnisse aus der Kindheit dem Partner nicht mitgeteilt werden können, weil die Angst, was bei mir selbst und bei ihm dann passiert, zu groß ist. Dies wird bei traumatischen Ereignissen, in denen der Betroffene sich als wehrloses Opfer gefühlt hat, vor allem der Fall sein, wie zum Beispiel bei Gewalterfahrungen, Missbrauch, schweren Unfällen und dergleichen. Wenn Sie spüren, dass es wichtige Geschehnisse gibt, die dem Partner mitgeteilt werden müssten, damit er Wesentliches von Ihnen versteht, aber Sie können es nicht, empfielt es sich, einen Therapeuten/eine Therapeutin aufzusuchen, die in der »Traumatherapie« (EMDR) geschult ist, die in den letzten Jahren entwickelt wurde und die sich als äußerst effektive Methode erwiesen hat.

3 Versöhnen Sie sich mit Ihrer Vergangenheit
Die Kunst, füreinander frei zu werden

Versöhnt oder im Hader?

Wir haben schon im vorausgehenden Kapitel gesehen, wie sehr unsere Vergangenheit in die Gegenwart unserer Paarbeziehungen hineinspielt. Die Nähe, die durch die erotische Liebe zwischen Mann und Frau entsteht, und die existenzielle Bedeutsamkeit dieser Erfahrung beleben mit Notwendigkeit die Beziehungserfahrungen, die wir noch grundlegender und existenzieller in unserer Kindheit mit den Geschwistern und vor allem mit Mutter und Vater gemacht haben. Wir haben diese Beziehungserfahrungen als das erste und grundlegende Modell von Beziehung überhaupt in uns aufgenommen, und die Eltern waren für uns das erste Modell von Frau-Sein und Mann-Sein überhaupt. Damit bekommt die Art und Weise, wie wir uns dazu stellen, ob zustimmend oder ablehnend, ob wir in Frieden damit sind oder im Hader, eine große Bedeutung für unsere gegenwärtige Partnerbeziehung.

Nicht selten ist die Partnerwahl mehr oder weniger bewusst eine Gegen-Wahl, weil jene Menschen, die in ihren Herkunftsfamilien schwierige Erfahrungen gemacht haben, sich durch den Schritt in die eigene Beziehung davon befreien wollten: »Ich will es – als Frau, als Mann – ganz anders machen als meine Mutter, als mein Vater. Nur nicht so, wie ich es bei und mit meinen Eltern erlebt habe!« Der Mann, der gewählt wird, ist genau das Gegenteil zum Vater, die Frau das absolute Gegenstück zur Mutter. Das kann als Ablösungsprozess von den Eltern ein wichtiger Schritt sein, als Grundlage für eine dauerhafte Paarbeziehung taugt es nicht.

Warum ist das so? Dass ich mich durch die Partnerwahl von den negativen Erfahrungen meiner Vergangenheit befreien will, ist ja zunächst sehr verständlich und nachvollziehbar. Aber es geht nicht auf diesem Weg. Denn wenn ich mein Lebenskonzept im Gegensatz zu meiner Herkunftsfamilie entwickle, bleibt mein Blick nach rückwärts gerichtet, ich bleibe gerade dadurch an sie – wenn auch »negativ« – gebunden. Freiwerden für die eigene Zukunft, das geht nur auf der Basis der Versöhnung mit meiner Vergangenheit. Versöhnt kann ich das Vergangene hinter mir lassen und in meine eigene Zukunft gehen. Lebe ich innerlich im Hader damit, bin ich noch immer damit beschäftigt, davon dominiert. Ich möchte das im Einzelnen deutlich machen.

Die Versöhnung des Mannes mit der Mutter und der Frau mit dem Vater

Der Mann, der noch als Erwachsener und Partner seiner Frau im inneren – und manchmal auch äußeren – Hader mit seiner Mutter lebt, ist nicht wirklich frei für die Liebe zu seiner Frau. In seiner Mutter ist er zum ersten Mal dem Weiblichen begegnet, und so ist seine tiefste Einstellung gegenüber dem Weiblichen überhaupt entstanden. Wenn er seine Mutter ablehnt, lehnt er in der Tiefe seiner Seele das Weibliche überhaupt ab. Die Frau, die er dann – als das Gegenstück zur Mutter – wählt, hat damit eine schwere Hypothek. Nach der Phase der Verliebtheit, wenn zum Vorschein kommt, dass nicht alles nur ideal zusammenpasst, sondern es auch Störendes und Fremdes gibt, ist die Gefahr sehr groß, dass die Partnerin ebenfalls unter dieses Verdikt der tiefen Abneigung gegen das Weibliche gerät. Vor allem wenn das Paar dann Kinder bekommt, beschleunigt und intensiviert sich dieser Prozess: als Mutter, die die Frau nun geworden ist, kann sie gar nicht mehr das totale »Gegenbild« zur Mutter des Mannes sein. Zudem zeigt sich oft im Laufe der Jahre auf geheimnisvolle Weise, dass sie in vielem gar nicht so unähnlich seiner Mutter ist, vor allem auch in ihren störenden Eigenschaften, obwohl sie zunächst als ihr eklatantes Gegenstück erschien! Die Frau, deren Mann mit der eigenen Mutter nicht ausgesöhnt ist, bekommt auf die Dauer der Beziehung fast mit Notwendigkeit seine Abneigung und seinen Hass gegen seine Mutter zu spüren. Sie fühlt sich abgelehnt und zurückgewiesen, und sie hat oft dabei berechtigterweise das Gefühl, für etwas herhalten zu müssen, was mit ihr nichts zu tun hat. Seine Probleme, die er mit seiner Mutter hat, projiziert er auf sie und reagiert seine diesbezüglichen Gefühle an ihr ab. Das erbost sie zu Recht, und das kann zur ernsthaften Gefährdung der Beziehung werden.

Ähnlich ist es bei der Frau: Wenn sie innerlich ihren Vater ablehnt, wählt sie oft einen Mann, der als das gerade Gegenteil zu diesem erscheint. War der Vater zum Beispiel hart, aufbrausend und jähzornig, wählt sie einen sanften, zurückhaltenden, weichen Partner. Vielleicht ist sie in der ersten Zeit dieser Beziehung sehr glücklich darüber, Männlichkeit jetzt in einer so anderen, liebevollen Art zu erleben. Das Problem ist nur: Die Weichheit und Sanftheit ihres Mannes hat auch Schattenseiten, die sich im Laufe der Zeit zeigen und die ihr mächtig auf die Nerven zu gehen beginnen. Er steht zum Beispiel nicht hin, wenn der Hausbesitzer unverschämt wird, er sagt den Kindern nicht, wo es langgeht. So muss sie immer die Grundsätze vertreten, die Regeln setzen und so die Strenge sein, während er sich in der Rolle des Lieben gefällt... Allmählich beginnt sie ihn als Mann zu verachten. Sosehr sie unter dem harten Vater gelitten hat, aber in dieser Hinsicht war er doch ein ganz anderer Kerl! Sie beginnt ihren Mann zu kritisieren und immer stärker abzuwerten. Vielleicht führt das dazu, dass dem sanften Mann eines Tages der Kragen platzt, dass er auf den Tisch haut und furchtbar losbrüllt. Damit aber nimmt er nun fatalerweise genau jene Züge an, die sie an ihrem Vater geängstigt haben und weshalb sie ihn abgelehnt hat... Der Mann kann es ihr also immer weniger recht machen: Zeigt er sich gegenteilig zum Vater, vermisst sie das, was ihr an diesem auch imponiert hat, zeigt er sich ihm ähnlich, lehnt sie ihn gerade deshalb erst recht ab. So wird, ohne dass es ihr bewusst wäre, die Beziehung zum Mann zum Spiegel ihrer ungeklärten Beziehung zum Vater, und die Gefahr wächst, dass sie sie voller Enttäuschung aufkündigt.

Versöhnung des Mannes mit dem Vater und der Frau mit der Mutter

Auch die Unversöhntheit zum gleichgeschlechtlichen Elternteil hat für die Paarbeziehung fatale Folgen. Ich denke zum Beispiel an einen Mann in einem meiner »Skript-Seminare« (Anmerkung: Skriptseminare sind Seminare, in denen die Teilnehmer unter Anleitung ihren teilweise unbewussten »Lebensplan« erarbeiten und Wege finden, sich von dessen einengenden Aspekten zu befreien. Informationen dazu siehe unter anderem unter www.professio.de). Der Vater hatte die kranke Frau und Familie, deren Ältester Jo-

hannes war, verlassen und jeglichen Kontakt zu den Kindern verweigert. Johannes hatte die ganze Last des Ältesten zu tragen, war damit völlig überfordert, zumal die Mutter immer kränker wurde. Er fühlte sich vom Vater völlig im Stich gelassen. So wurde er unter dem Motto erwachsen: »Nur nicht so wie mein Vater!« Als er selber eine Familie gründete, bemühte er sich in rührender Weise darum, ein guter Partner und engagierter Vater zu sein, allerdings immer in der inneren Haltung: »Im Gegensatz zu meinem Vater!« Man konnte spüren, unter welchen Druck er sich mit diesem Vorhaben setzte. Diesen Druck gab er mehr und mehr an die anderen weiter. Der Frau und vor allem den Kindern erschien er immer mehr als ein Perfektionist, der alles hundertprozentig wollte. Sie begannen mehr und mehr zu rebellieren, die Frau stellte sich immer öfter auf die Seite der Kinder, Johannes erlebte vor allem seinen Ältesten immer mehr als ihren Bündnispartner. Ganz gegen sein bewusstes Wollen geriet er auf diese Weise mehr und mehr an den Rand der Familie, und allmählich erlebte er sich – obwohl er genau das Gegenteil wollte – in einer ähnlichen Außenseiterposition, in der er seinen Vater erlebt hatte…
Gar nicht so selten führt das »Gegenprogramm« zum eigenen gleichgeschlechtlichen Elternteil dazu, dass man dessen Schicksal auf geheimnisvolle Weise selber nachvollzieht! Das Problem besteht darin, dass der Mann, der zu keinem ausgesöhnten Verhältnis zu seinem Vater gefunden hat, sich gleichsam außerhalb seiner männlichen Generationenfolge stellt, damit auch sein eigenes Mann-Sein nicht liebevoll annehmen kann, dadurch mit sich selber im Zwiespalt lebt und gegenüber seinen Vorfahren nicht wirklich etwas Neues, Besseres zu schaffen imstande ist, sondern deren Schicksal wiederholt.

Ganz ähnlich auch bei der Frau, die innerlich ihre eigene Mutter ablehnt. Mit ihr lehnt sie auch ihre eigene Weiblichkeit und Mütterlichkeit ab. »Nur nicht wie meine Mutter« –

damit erobert sie sich zwar oft Bereiche, die ihrer Mutter verschlossen geblieben sind, zum Beispiel wird sie tüchtig und erfolgreich im Beruf. Aber wenn ihr in der Beziehung oder im Hinblick auf Kinder Einschränkungen und Verzichte zugemutet werden, lehnt sie das vollkommen ab. Es erinnert sie an das Lebenskonzept ihrer Mutter, die nichts für sich selbst in Anspruch nahm, sondern sich für die Familie und den Vater aufopferte, damit ein jämmerliches Frauenbild abgab und in eine Opferposition geriet, die alle Familienmitglieder belastete. Eine solche Frau werden – nein, auf gar keinen Fall! Das ist sehr verständlich und nachvollziehbar. Aber auf der Basis dieser Ablehnung beraubt sie sich selbst vieler wichtiger Möglichkeiten, die ihre Mutter auf ihre sicher problematische Weise gelebt hat und die sie sich eigentlich auch wünscht, aber auf diese Weise versperrt, nämlich zum Beispiel Kinder zu haben und in einer stabilen Partnerbeziehung zu leben.

Versöhnung mit den Geschwistern

Nicht so häufig und tief gehend, aber doch oft recht deutlich spürbar, wird eine Paarbeziehung auch durch ein gestörtes Geschwisterverhältnis gefährdet. Eine Frau, die immer zu viel Verantwortung für ihren Bruder übernahm, weil er zuhause das »Problemkind« war, wählt zum Beispiel einen Mann, um den sie sich dann in ähnlicher Weise kümmern »muss«, weil er allein nicht zurechtkommt, und fühlt sich auf die Dauer dadurch ähnlich überfordert wie schon zuhause wegen ihres Bruders. Oder ein Mann hat sich von seiner Zwillingsschwester niemals wirklich gelöst. Die Frau, die er später heiratet, soll ihm diese innige Gemeinschaft ersetzen, und damit setzt er Erwartungen in sie, die sie nicht erfüllen kann. Solchen und anderen »Geschwister-Übertragungen« auf den Partner/die Partnerin begegnet man immer wieder, und sie können sich ebenfalls sehr störend auf die Partnerbeziehung auswirken.

Nicht selten begegnet man auch folgenden Konstellationen: Zwischen den Geschwistern geht bis ins Erwachsenenalter hinein ein tiefer Riss. Dieser ist darauf zurückzuführen, dass Vater und Mutter miteinander im Krieg lagen, die Geschwister sich jeweils auf eine Seite gegen die andere schlugen und damit in erbitterten Gegensatz zueinander gerieten. Im Partner, in der Partnerin wird zwar dann derjenige gesucht, der unbedingt zu einem hält, aber gerade dadurch kann es sein, dass man beim geringsten Konflikt in eine ähnliche Gegenposition gerät wie damals dem Bruder oder der Schwester gegenüber.

Ähnliche Übertragungen können auch stattfinden, wenn die Geschwister in Konkurrenz um die Gunst der Eltern oder eines Elternteils standen, entweder weil es überhaupt wenig Gunst gab oder die Eltern sie einseitig verteilten. Frauen und Männer mit solchen Vorerfahrungen geraten dann mit ihren Partnern leicht in eine ähnliche Art von »Geschwisterkonkurrenz«, weil sie sehr leicht das Gefühl bekommen, durch den anderen so wie damals wieder zu kurz zu kommen.

Wenn es im Erwachsenenalter keine Versöhnung gibt, besteht also immer die Gefahr, dass ich meinen Partner in den Bannkreis dieser Unversöhntheit hineinziehe und den Hader irgendwann auf ihn übertrage. Die frühen Beziehungsmuster und Bezugspersonen haben sich unserer Seele so tief eingeprägt, dass wir zu ihnen ein gutes Verhältnis brauchen, damit wir die nahen Beziehungen unserer Gegenwart in einer angemessenen Weise gestalten können.

Zusammenfassend kann man sagen:

- Der Mann, der mit seiner Mutter im Hader lebt, wird seine Abneigung und seinen Hass im Lauf der Zeit auf

seine Frau abladen. Der Mann, der seinen Vater innerlich ablehnt, wird sich selbst als Mann ablehnen und damit als Partner auf die Dauer seiner Frau nicht gerecht werden.
- Die Frau, die unversöhnt ist mit ihrem Vater, wird ihre Ablehnung auf die Dauer auch auf ihren Mann ausdehnen. Die Frau, die ihre Mutter innerlich nicht akzeptieren kann, wird sich selbst in ihren Möglichkeiten als Frau beschneiden und darum ihrem Mann nicht in vollem Sinn eine Partnerin sein können.
- In abgeschwächter Form gilt das Gesagte auch von den gleich- und gegengeschlechtlichen Geschwisterbeziehungen. Hier ist es allerdings sehr unterschiedlich, wie existenziell die Bedeutsamkeit war, die diese für mich erlangt haben. Je nachdem haben sie einen größeren oder geringeren Einfluss auf mein jetziges Paarleben.

Insgesamt gesehen spielt es – das sei ergänzend gesagt – keine Rolle, ob Zwist und Hader auch in äußeren Konflikten mit der Herkunftsfamilie gelebt werden oder ob zu ihren Mitgliedern eine Nichtbeziehung besteht, indem man den Kontakt zu ihnen zum Beispiel abgebrochen oder ihn auf äußerlichen Small Talk beschränkt hat. Versöhnt zu sein oder nicht versöhnt zu sein ist etwas, das wir in uns tragen, ganz gleich, wie es nach außen gelebt wird. Und von innen wirkt es auf die Beziehungsgestaltung mit unseren gegenwärtigen Partnern/Partnerinnen heilsam oder zerstörerisch.

Einwände

Wird hier nicht ein familiengeschichtlicher Fatalismus vertreten? Wo bleibt dabei unsere Freiheit in der Gestaltung des eigenen Lebens? Wo die Möglichkeit, gegenüber der früheren Generation etwas Neues, Besseres zu schaffen?

Ich bin ein entschiedener Vertreter der Freiheit unseres Handelns und der menschlichen Möglichkeit, sich aus den

Fesseln der Vergangenheit zu lösen. Nur: Wir können nicht so tun, als wären wir dabei vollständig voraussetzungslos und unabhängig. Wir können uns nicht einfach nach Gutdünken so definieren, wie wir es gerade wollen. Unsere Freiheit besteht darin, »etwas aus dem zu machen, was die Verhältnisse aus uns gemacht haben« (Hildenbrand/Welter-Enderlin 1996). Das heißt, wir müssen uns auf das beziehen, was uns vorgegeben ist. Und hier gibt es gewisse »Gesetzmäßigkeiten«. Eine dieser Gesetzmäßigkeiten ist: Damit Freiheit möglich wird, damit wir etwas Neues, Besseres gestalten können, müssen wir das Alte versöhnt hinter uns lassen können. Ablehnung, innere Anklage zeigen, dass der alte Kampf noch nicht zu Ende ist. Ich hänge noch am Vergangenen. Erst wenn ich sagen kann: »Ich bin der Sohn, die Tochter dieser Eltern, und ich stimme dem zu, mit allem, was es bedeutet« – dann bin ich dem Kampf entronnen, dann lasse ich das Vergangene vergangen sein und bin frei für die Zukunft, und erst dann schiebt sich das Erlebte und Erlittene nicht mehr als trennendes Hindernis zwischen mich und den Partner.

Aber was geschieht, wenn zwischen Eltern und Kindern so furchtbare Dinge passiert sind, dass keine Versöhnung, kein »Ja« zu den Eltern möglich ist? Sind Menschen dann dazu verurteilt, wie im Bann eines Fluches zu leben und diesen an die nächste Generation weiterzugeben – so wie es in dem Beispiel von Johannes zu sein scheint?
  Ja, es gibt sehr schlimme Dinge zwischen Eltern und Kindern: Gewalt, Missbrauch, Rücksichtslosigkeit, Demütigung, Missachtung der kindlichen Bedürfnisse und vieles mehr. Mit Versöhnung ist nicht gemeint, dies zu billigen oder in etwas Positives »umzudeuten«. Das Schlimme bleibt schlimm. Die geballte Faust des Kindes und später des Erwachsenen gegen den betreffenden Elternteil ist zwar verständlich, und sie ist oft auch ein gewisser Schutz gegen

den brennenden Schmerz der Wunde, die ihm zugefügt wurde. Allerdings ist sie ein Schutz um den Preis, sich selber hart zu machen, und diesen Preis zu zahlen lohnt sich nicht. Denn die geballte Faust fesselt an die Vergangenheit, schließt nicht mit ihr ab, lässt sie gerade nicht los. Wenn ein solcher Mensch die Hand öffnet, tut das zunächst sehr weh. Die Wunde wird wieder spürbar. Es ist kein »Fest der Versöhnung« mit Freude und Jubel, was hier beginnt, es ist eine Zustimmung zur bitteren Ohnmacht und zum Ausgeliefert-Sein des Kindes und zugleich zu seiner dennoch vorhandenen Angewiesenheit auf die Eltern: »Du hast mir das angetan, das war nicht recht, und es hat sehr wehgetan. Du hättest das nicht tun dürfen. Und dennoch bist du mein Vater/meine Mutter und ich dein Kind, das von dir das Leben hat und deshalb zutiefst mit dir verbunden ist! Ich stimme dem zu, und ich nehme von dir, was du mir gegeben hast – und ich mache etwas daraus!« Das hat nichts mit »Friede, Freude, Eierkuchen« zu tun und nichts – wie gesagt – mit Gutheißen oder Entschuldigen dessen, was einem angetan wurde. Aber es ist das Wesentliche dessen, was mit Versöhnung gemeint ist. Wenn es darüber hinaus noch möglich wird, dass wir die Eltern aus ihrer persönlichen, familiären und geschichtlichen Situation heraus in den Motiven ihrer Taten und Versäumnisse besser verstehen, können sich unsere Gefühle ihnen gegenüber in vielen Fällen auch noch ein Stück weiter aufhellen, sodass ein friedvollerer Zustand zwischen uns und ihnen entsteht, der es uns ermöglicht, das Vergangene tatsächlich hinter uns zu lassen und unsere Partner nicht mehr in seinen zerstörerischen Sog hineinzuziehen (zum Thema »Versöhnung mit den Eltern« vgl. Glöckner 2002).

Hinweise

1. Wenn ich meine, ich könnte meine Vergangenheit dadurch hinter mir lassen, dass ich mir vornehme, jetzt zu meinem Partner/meiner Partnerin ganz anders zu sein, als ich es zwischen Vater und Mutter erlebt habe, und es mit meinen Kindern viel besser zu machen, als sie es mit mir gemacht haben, bin ich im Irrtum. Die Vergangenheit wird mich einholen. Auch wenn ich mich ihr nicht naiv unterwerfe (zum Beispiel nach dem Motto: »Mir hat es nicht geschadet, dann wird es meinem Kind auch nicht schaden...«), sondern sie sogar heftig ablehne und zurückweise, bleibe ich in ihrem Bann. Für die jetzige Liebesbeziehung ist es also von existenzieller Bedeutung, dass ich mich mit meiner Vergangenheit auseinandersetze, mich mit ihr aussöhne, denn nur so entziehe ich mich der Gefahr, sie in der Gegenwart mit meinem Partner und mit meinen Kindern zu wiederholen.
2. Mich mit meinen Eltern zu versöhnen, das ist *meine* Verantwortung, *meine* Aufgabe. Der Partner kann sie mir nicht abnehmen. Er kann mich höchstens darauf hinweisen, dass es aus diesem oder jenem Grund in diesem oder jenem Punkt nötig wäre. Aber Vorsicht! Hier entsteht leicht ein fatales Muster! Wenn die Frau den Mann drängt (meist sind die Rollen nämlich so verteilt), er müsste hier unbedingt endlich etwas tun, denn es sei offensichtlich, dass er mit seiner Mutter noch nicht im Reinen sei, wehrt der Mann ab, fühlt sich (und seine Mutter) angegriffen, verteidigt sie und sich; woraufhin die Frau stärkere Geschütze auffährt, was natürlich noch mehr Abwehr von Seiten des Mannes zur Folge hat, und so weiter. Damit die Partnerin/der Partner nicht in diese Rolle kommt und solche Teufelskreise nicht entstehen, muss ich es als *meine* Aufgabe annehmen, für das Thema »Versöhnung mit meiner Herkunftsfamilie« die Verantwortung zu übernehmen.

Unter dieser Voraussetzung können dann Hinweise und Rückmeldungen, wie der Partner/die Partnerin mich in Bezug zu meinen Eltern und meinen Vater/meine Mutter in Bezug zu mir erlebt, welche Lebensthemen hier angesprochen sind und was eventuell hier zu tun wäre, sehr hilfreich sein. Denn der Partner hat mehr Abstand als ich, und damit in Bezug auf das Thema weniger blinde Flecken. Statt sich durch einen wie oben geschilderten Teufelskreis gegenseitig lahmzulegen, wäre ein in diesem Punkt kooperatives Vorgehen etwa dieses: Ich bin bereit, die Aufgabe der Versöhnung mit meiner Herkunftsfamilie selbst zu übernehmen. Und ich bin froh, wenn du, mein Partner, mir dazu Hinweise gibst, mir deine Beobachtungen mitteilst und deine Meinung dazu sagst.

3. Was schon im vorhergehenden Kapitel im Zusammenhang mit »das Kind im anderen kennen lernen« gesagt wurde, gilt auch hier: Um zur Versöhnung zu gelangen, kann es notwendig sein, Therapie in Anspruch zu nehmen, vor allem wenn die Kindheit von traumatischen Erlebnissen überschattet ist. In den letzten Jahren ist in diesem Zusammenhang die Methode des »Familien-Stellens« bekannt und populär geworden, vor allem in der Version, wie sie speziell von Bert Hellinger entwickelt wurde (Weber 1993), weil hier das Thema der Versöhnung mit den Vorfahren im Zentrum steht. Mit der Methode wurde und wird sehr viel Unsinn getrieben. Ich kenne aber viele Therapeuten, die sehr gut damit arbeiten, und es besteht kein Zweifel, dass daraus äußerst wichtige Impulse zu unserem Thema gewonnen werden können. Ich möchte allerdings davor warnen, zu meinen, wenn ich einmal »meine Familie gestellt habe«, wäre alles Wesentliche bereits geschehen, und wenn nicht, läge das an meiner Abwehr oder meiner Unfähigkeit, wie sie leider von manchen, die diese Methode praktizieren, den

Betroffenen angehängt wird. In der Regel brauchen die Anstöße, die hier empfangen, und die Erfahrungen, die hier gemacht wurden, eine vertiefende Nacharbeit. Es spricht gerade für diese Methode, dass es so ist: Was hier erfahren wird, ist oft so komplex, vielschichtig und tiefgehend, dass es einen nacharbeitenden Prozess braucht, um nicht Wesentliches davon wieder zu verlieren.

4. Um solche therapeutischen Hilfen wirksamer werden zu lassen, aber auch unabhängig davon, kann es für eine Versöhnung mit der Herkunftsfamilie sehr hilfreich sein, möglichst viele Details aus dem Leben der Eltern und ihrer Vorfahren zu erfragen, entweder von den Eltern selbst oder von Menschen, die sie gut gekannt haben oder kennen.

In diesem Zusammenhang rege ich an, wo immer es möglich ist, mit den Eltern selbst über die Vergangenheit ins Gespräch zu kommen. Oft besteht große Angst vor solchen Gesprächen. Viele nehmen von Vornherein an, dass sie zu nichts führen werden – weil sie sich an die negativen Reaktionen der Eltern erinnern, wenn sie früher solche Themen angesprochen haben. Dabei beachten viele nicht, dass die Zeit auch für die Eltern weitergegangen ist. Sie haben jetzt – im Alter – oft einen größeren Abstand zu dem Geschehen als damals. Sie sehen es auch anders, vieles schmerzt sie, und sie sehnen sich unter Umständen nach Versöhnung. Was sie brauchen, ist allerdings, dass die erwachsenen Kinder »anders« auf sie zukommen, nicht mehr anklagend und verurteilend. Das lässt natürlich – auch bei ihnen – die alte Härte oder Selbstverteidigungstendenz wieder aufleben. Für dieses Anders-auf-sie-Zugehen empfehle ich die Haltung des Interviewers: »Vater, erzähl mir doch mal, wie das für dich damals war … als ich auf die Welt gekommen bin, als du in den Krieg musstest, aus der Gefangenschaft kamst oder als du den Job verloren hast oder dich in die andere Frau verliebt hast...« Es ist die Haltung dessen, der sich interessiert, wie es für den anderen war, und der neugierig ist, dies zu erfahren. Nicht selten kommen die erwachsenen Kinder damit einem inzwischen gewachsenen Bedürfnis der Eltern entgegen, auch von ihrer Seite diese unerledigten Angelegenheiten nochmals aufzugreifen, woran sie ihr schlechtes Gewissen und die vermutete Ablehnung ihrer Kinder hindert. Ich habe nicht selten erlebt, dass durch solche Gespräche der Versöhnungsprozess intensiv in Gang gekommen ist. Denn was auf diese Weise direkt von ihnen, aber auch – wo dies nicht möglich war – von Bekannten und Verwandten zu erfahren war, half sehr, »sich in die Schuhe der Eltern zu stellen« und die Situation aus ihrer Perspektive zu betrachten. Das daraus resultierende Verstehen war ein wesentlicher Schritt vom Groll zur versöhnten Annahme.

Auch hier sei nochmals der Hinweis angefügt, dass das Studium der Zeitgeschichte, deren Teil Großeltern und Eltern als Opfer, Täter oder »Mitläufer« waren, ebenfalls zu diesem Verstehen und damit zur Aussöhnung ein großes Stück beitragen kann.

4 Betonen Sie das Positive in Ihrer Beziehung
Die Kunst, einander gutzutun

Wie das Positive mit der Zeit in den Hintergrund gerät

Wir kommen jetzt zu einem Grundsatz, der den ganz konkreten Alltag des Paares betrifft und dessen Beachtung von zentraler Bedeutung für die Stabilität von Beziehungen ist. Es geht dabei um die Aufrechterhaltung einer positiven Grundstimmung zwischen den Partnern. Diese ist nie einfach ohne Zutun der Partner vorhanden, oder sie bleibt es jedenfalls nicht. Sie entsteht oder verschwindet, je nachdem, wie diese den Tag über miteinander umgehen. Am Anfang einer Beziehung ist das den Beteiligten meist nicht bewusst. Sie spüren und erleben, wie gut sie zusammenpassen, wie sehr sie gerade das gesucht haben, was sie jetzt miteinander und voneinander erfahren. Sie müssen nicht extra darauf achten, das zu tun, was dem anderen angenehm ist, sie fühlen sich dazu von innen heraus gedrängt, und es fällt ihnen gar nicht auf, dass sie es tun.

Mit der Zeit jedoch verlieren auch die faszinierendsten Eigenschaften des anderen ihren Neuheitscharakter. Man gewöhnt sich ein wenig daran, ist durch sie nicht mehr so beglückt wie am Anfang. Man findet sie dadurch nicht mehr so häufig erwähnenswert. Ohne dass es einem bewusst wird, äußert man sich seltener darüber. Dazu kommt, wie bereits erwähnt, dass im Laufe der Zeit auch andere Seiten am anderen sichtbar werden, Seiten, die nicht so gut zu mir passen, die mir fremd, ja befremdlich sind. Sie braucht so ewig lang im Bad. Er räumt seine Schuhe nicht weg, wenn er heimgekommen ist. Solche Kleinigkciten beginnen uns am anderen aufzufallen und zu stören.

Aus Rücksicht, und weil das ja Kleinigkeiten sind, sagen wir dann oft nichts zum anderen. Aber stören tut es uns doch, weil wir halt immer wieder darüber »stolpern«. Damit aber beginnt unsere Aufmerksamkeit sich allmählich auf die Negativ-Seite zu verlagern, das Positive, an das wir uns gewöhnt haben, tritt demgegenüber immer mehr in den Hintergrund.

Irgendwann beginnen wir den anderen zu kritisieren. Wenn wir das feinfühlig und mit Liebe tun und der andere bereitwillig ist, kann hier ein gegenseitiger Anpassungsprozess in Gang gesetzt werden, der das Störende wieder eindämmt oder sogar beseitigt. Dieser Anpassungsprozess findet allerdings häufig nicht statt, denn hier lauern zwei Gefahren: Zum einen geht es bei den Störungen oft nicht um so einfache Dinge wie die erwähnten, sondern um solche, die sich auch bei großer Bereitwilligkeit nur schwer vollständig verändern lassen, solche nämlich, die mit unserer Person eng verbunden sind. Häufig haben gerade die Eigenschaften, die uns aneinander fasziniert haben, auch ihre Schattenseiten. Der Spontane, Gefühlsbetonte, Lebendige ist oft auch chaotisch und sprunghaft. Der Systematische, Überlegte, Genaue ist oft auch langsam, gehemmt, unflexibel. Diese Schattenseiten der geliebten Eigenschaften treten im Laufe der Zeit deutlicher hervor – und hier ist Veränderung schwieriger als bei den herumliegenden Schuhen und beim Trödeln im Bad.

Dadurch – und das ist das zweite Erschwerende – kann es sein, dass die Kritik des Partners an diesen Eigenschaften schärfer wird, abwertender, sodass dieser sich in seiner Person angegriffen fühlt und meint, seine Eigenschaften, sein Verhalten, ja sich selber schlechthin gegen die Kritik des anderen verteidigen oder zum Gegenangriff übergehen zu müssen, indem er nun seinerseits die negativ empfundenen Eigenschaften und Verhaltensweisen des anderen diesem vorzuhalten beginnt.

Daraus entstehen leicht unangemessen eskalierende Streitspiralen: Weil der eine den anderen kritisiert, meint dieser ihn wiederum kritisieren zu müssen, und zwar einen Zacken schärfer, um mehr Wirkung zu erzielen. Dadurch wird die Kritik immer negativer, und es entsteht eine immer unangemessenere Polarisierung der Partner zueinander. Dadurch geraten die beiden in immer extremere Gegenpositionen: Die spontane, lebendige Frau erscheint dem Mann nur noch chaotisch, und der ruhige Mann erscheint ihr wiederum in seiner bedächtigeren Art nur noch langweilig und unflexibel.

Mit anderen Worten heißt das aber: Die Negativität in der Beziehung nimmt mehr und mehr überhand. Wir sind dabei, eine immer negativere Beziehungs-Wirklichkeit zu schaffen. Das, was uns aneinander fasziniert hat, ist zwar durchaus auch noch vorhanden. Aber es wird gleichsam durch die entstehende Negativität überdeckt. Die Aufmerksamkeit wird immer ausschließlicher darauf gerichtet, und jeder neue »Fall« dient als Bestätigung der negativen Sichtweise des anderen. Was diese relativieren würde, was dem Blick auf den anderen eine positivere Richtung geben würde, wird nicht mehr beachtet, ja wird ausgeblendet.

Wie wir uns unsere Wirklichkeit schaffen

Bei allem, was es uns persönlich betrifft, nehmen wir die Realität nicht objektiv wahr. Vielmehr wird das für uns wirklich, worauf wir unsere Aufmerksamkeit richten, und diese Aufmerksamkeit ist Interessen-geleitet. Das ist ganz generell so. Wenn wir gerade daran denken, uns einen neuen Opel zu kaufen, sehen wir auf der Straße lauter Opels herumfahren. Wenn wir darangehen, eine neue Wohnung einzurichten, sehen wir bei unseren Freunden vor allem jene Möbelstücke, die eventuell auch in unsere Wohnung passen würden. Wenn wir uns mit einer bestimmten Krankheit herumschlagen müssen, begegnen wir ständig Leuten, die eben diese Krankheit auch haben, während wir davon früher nie etwas gesehen und gehört haben. So ist es auch bei der Paarbeziehung: Sehen wir am Partner vor allem das Negative, wird dieses mehr und mehr Wirklichkeit und belastender Teil unserer Beziehung.

Wollen wir das verhindern, ist die erste logische Folge aus dem Gesagten, dass wir unsere Aufmerksamkeit bewusst immer wieder auf das Positive lenken. Das haben wir nämlich weitgehend in der Hand. Ich kann daran denken, was mir heute am anderen gefallen hat, oder ich kann das unter den Tisch fallen lassen und mich nur bei dem aufhalten, was mir an ihm auf die Nerven gegangen ist. Das müssen sich vor allem jene Menschen zu Herzen nehmen, die sich angewöhnt haben, sich eher beim Negativen aufzuhalten, sich mit Vorliebe über etwas aufzuregen und sich mit Inbrunst zu ärgern. Manchmal ist es ja gut, seinen Ärger loszuwerden – das befreit. Aber viele steigern sich in ihren Ärger nur hinein. Das befreit nicht, sondern ist psychische Umweltverschmutzung. Die tut freilich niemandem gut. Denn – wie gesagt – damit schaffen wir eine negative Wirklichkeit, und diese wird dann zur Realität unserer Beziehung.

Es ist ein wichtiger Teil der Lebens- und der Beziehungs-Kunst, die Ausrichtung der Aufmerksamkeit auf das Positive zu trainieren. Das braucht es, denn aus Erfahrung weiß man, dass sich das Negative »von selber« aufdrängt. Es braucht als Gegengewicht die bewusste Aufmerksamkeits-Steuerung. Das ist das erste. Das zweite ist: Das Positive, das so wieder stärker in den Vordergrund tritt, muss dem anderen auch mitgeteilt werden, es muss zum anderen »rüberkommen«. Es genügt nicht, es im Herzenskämmerlein zu hegen und zu pflegen. Erst wenn es beim anderen auch ankommt, wird es zur gemeinsamen Beziehungsrealität. Auch hier wieder: Wir schaffen unsere Beziehungsrealität zu einem Gutteil selber. Nicht nur dadurch, dass wir unsere Aufmerksamkeit in eine bestimmte Richtung lenken, sondern vor allem durch das, was wir kommunizieren, miteinander teilen. Dazu im folgenden Abschnitt ein paar konkrete Hinweise.

Das Positive wahrnehmen und mitteilen

1. Wir können registrieren, was uns an konkreten Verhaltensweisen des anderen gefällt, und dies mitteilen:

- »Wie du gestern den Franzi dazu gebracht hast, doch seine Bockigkeit aufzugeben und von sich aus in den Kindergarten gehen zu wollen, das fand ich einfach große Klasse!«
- »Du warst gestern eine wunderbare, charmante Gastgeberin!«
- »Also, das hat mir imponiert, wie du dem Vermieter gerade seine Grenzen aufgezeigt hast!«

So gibt es tausend Gelegenheiten, dem anderen positive Resonanz zu geben oder sie ungenutzt verstreichen zu lassen. »Wenn i nix sag, isch's recht!« und »Nix g'sagt isch gnug g'lobt!« – solche Sätze werden – jedenfalls im Schwabenländle – häufig humorvoll selbstkritisch gesagt, sie geben aber doch eine verbreitete Lebenseinstellung wieder, die sehr destruktiv ist, weil sie an wesentlichen positiven Möglichkeiten spart, die wir haben und einander eröffnen können. Wenn man den anderen zu oft kritisiert, schaltet er auf die Dauer die Ohren auf Durchzug. Diesen Effekt gibt es bei positiver Resonanz nicht. Wenn sie ehrlich gemeint ist, vertragen wir viel davon, und es ist keineswegs sinnlos, Positives immer wieder zu sagen. Es nährt den anderen und damit die Beziehung.

Allerdings gibt es eine Möglichkeit, demjenigen, der gerne Lob und Anerkennung austeilt, dieses bald abzugewöhnen, nämlich wenn derjenige, dem sie gilt, darauf seinerseits nicht oder abwehrend reagiert: »Geh, ist doch gar nicht so toll«, »Das ist wirklich nichts Besonderes...« und ähnliche Äußerungen. Oder wenn er einfach darüber hinweggeht und so tut, als hätte er es gar nicht gehört. Im »Geheimen« freut er sich vielleicht sehr darüber, aber wenn er das seinerseits nicht äußert, entwertet er das Lob und die Anerkennung, und der Positiv-Kreislauf, das Gegengewicht gegen die Negativ-Spiralen der Kritik, kommt nie recht in Gang. Damit das Positive in einer Beziehung zur Wirklichkeit wird, braucht es also auch die entsprechende Reaktion darauf.

2. Es tut einer Beziehung weiter sehr gut, wenn wir positive Eigenschaften des anderen immer wieder hervorheben.

- »Dein Lachen ist so schön.«
- »Ich mag dein festes Haar so gerne.«
- »Du bist so schön groß – richtig zum Anlehnen!«

Es mag sein, dass der andere für solches und Ähnliches wirklich nichts kann. Solche Eigenschaften sind nicht seine Leistung, sodass er Anerkennung dafür »verdienen« würde. Aber tut uns nicht solche Art von Resonanz noch mehr gut als diejenige für »verdienstvolles« Verhalten? Solche Eigenschaften liegen noch näher an unserer Person, darum erleben wir positive Resonanz darauf noch stärker als ein Ja zu uns insgesamt. Wir brauchen diese positive Resonanz auf unsere Existenz nicht nur als Säuglinge, um gesund aufzuwachsen, wir brauchen sie ein ganzes Leben hindurch, und die Intimität der Paarbeziehung bringt es mit sich, dass wir sie vor allem hier suchen. Bekommen wir sie in der Beziehung zu wenig, beginnt unser Herz – ohne dass wir es vielleicht merken – auf die Suche zu gehen, und findet sich jemand, der uns diese positive Resonanz zuteilwerden lässt, spüren wir, dass uns in der Paarbeziehung etwas Zentrales fehlt. Die Gefahr, dass es gerade deshalb zu einer Trennung kommt, ist nicht zu unterschätzen.

3. Wir Menschen besitzen die erstaunliche Fähigkeit, Vergangenes wieder gegenwärtig zu machen. Das erfahren jene sehr schmerzhaft, deren Partner alte »Untaten« immer wieder hervorholen und sie ihnen unter die Nase halten. Wir können aus dieser Fähigkeit allerdings auch etwas für die Beziehung sehr Förderliches machen: Wenn wir uns miteinander an die positiven Ereignisse in der Vergangenheit unserer Beziehung erinnern.

- »Weißt du noch, als wir damals diese Wanderung gemacht haben...?«
- »Weißt du noch, wie du mich damals mit... überrascht hast?«
- »Letztes Jahr um diese Zeit waren wir zusammen bei...«

Wenn wir solche Anstöße nutzen und nicht nur »Ja, ja...« dazu brummeln, sondern darauf eingehen und, was uns dazu noch einfällt, beisteuern, kann daraus manchmal ein wahres »Schwelgen in Erinnerungen« werden. Es geht dann eben nicht nur um Vergangenes. Die Bilder, die Stimmung, die Gefühle von damals werden wieder Gegenwart und Realität.

Spezielle Anlässe eignen sich dafür besonders gut: Geburtstage, Jahreswechsel, Hochzeitstage, »Verliebungstage« und so fort. Manche Paare entwickeln hier großen Einfallsreichtum, sich ihre eigenen Gedenktage zu schaffen, sie jährlich auf ihre Art zu begehen und damit immer wieder die Vergangenheit wie eine nährende Quelle anzuzapfen. Was es dazu braucht, ist die Überzeugung, dass Beziehungen nicht »von selber« funktionieren, sondern dass sie Gestaltung brauchen. Und: Es braucht ein Stück Initiative, Aktivität, vielleicht auch Kreativität. Wenn man bedenkt, wie viel wir davon in unsere Berufe investieren...

4. Es könnte nun der Eindruck entstehen, positive Resonanz müsste immer mit Worten vermittelt werden. Dies meine ich aber nicht. Von großer Bedeutung sind hier auch Blicke, Gesten, Berührungen. Wenn ich spüre, wie meine Partnerin meine Hand zart berührt, vermittelt sie mir: »Ich mag dich.« Ein kleines Lächeln zwischendurch lässt eine innige Verbindung zwischen uns entstehen – womöglich inmitten einer frustrierenden Veranstaltung. Sie schaut mich an – und ich spüre in ihrem Blick Zuneigung und Sympathie... Solch kleine Zeichen sind mindestens so wichtig wie verbale Bezeugungen, und jedes Paar sollte hier sein eigenes, unverwechselbares Repertoire entwickeln und pflegen.

Für diesen nonverbalen Bereich gilt insgesamt eher noch mehr, als es schon für den »verbalen« Gültigkeit hat: Der Alltag mit seinen vielen Verpflichtungen, mit seiner Hetze und seinem Tempo ist hier der gefährlichste Feind. Er lässt unachtsam werden und solche »Kleinigkeiten« vergessen, weil es ja ständig so viel – scheinbar – Wichtigeres und Bedeutungsvolleres zu erledigen gilt...

Nahrung und Inspiration

Mehrmals habe ich hier das Bild von der Nahrung gebraucht: Positiver Austausch in dieser oder jener Weise ist tatsächlich Nahrung für die Beziehung, Nahrung, die sie braucht, um zu wachsen und zu erstarken. Nur eine erwachsene und starke Beziehung wird heutzutage stabil sein. Früher gab es so viele andere Faktoren, durch die ihre Stabilität gesichert war. Heutzutage wird es immer ausschließlicher ihre innere Stärke, und die braucht Positivität als Nahrung.

Es gibt aber noch eine andere Dimension, die wir hier berühren. Verena Kast hat sie mit dem Wort vom »Herauslieben« charakterisiert (Kast 1984, S. 1). Es ist nicht nur so, dass positive Resonanz die vorhandenen Stärken des Partners gegenüber seinen Schwächen zum Vorschein bringt und wieder deutlicher macht. Positive Resonanz kann auch noch einen anderen Effekt beim Partner haben. Die unerschütterliche Überzeugung davon, dass mein Partner zu dem oder jenem imstande ist, dieser »Glaube an ihn« hat schon oft dazu geführt, ihn so zu inspirieren, dass er diese Fähigkeit überhaupt erst bei sich entdeckte und entwickelte. Das Positive wird dadurch in der Beziehung unter Umständen sogar zu einer schöpferischen Kraft, die nicht nur Vorhandenes sichtbar macht, sondern sogar Neues in der Beziehung erschafft. Wenn sie beispielsweise immer wieder von ihm hört, was für eine schöne Stimme sie hat, wird sie vielleicht erst dadurch ermutigt, sie auszubilden und Gesangsstunden zu nehmen. Wenn er von ihr rückgemeldet bekommt, wie seine Augen immer wieder leuchten, wenn er von diesem oder jenem Thema spricht, entdeckt er erst dadurch bei sich, dass er hier ein neues Hobby entwickeln, ein neues Engagement entfalten, sich einen neuen Bereich erobern könnte... Durch die positive Resonanz »liebt« der Partner beim anderen »heraus«, was ohne diese Liebe brachliegen bleiben würde.

Einwände

Damit es in einer auf Dauer angelegten Beziehung aushaltbar wird, müssen wir uns doch immer wieder deutlich machen, was uns aneinander stört. Das heißt: Wir können nicht nur das Positive betonen. Wir müssen Kritik üben und auch Kritik einstecken. Dabei wäre es unrealistisch, zu meinen, es könnte im Alltag immer hochsensibel und liebevoll zugehen. Da wird es auch lautstarke Worte, Anschuldigungen, Abwertung, Ärger und Vorwurfshaltung geben. Das heißt: Wir müssen auch Negatives aushalten lernen. Ohne das gäbe es doch keine Veränderung!

Ich sage dazu: Genau das Gegenteil ist der Fall. Mit negativer Kritik erreichen wir das Gegenteil von dem, was wir wollen, wir erreichen Nichtveränderung. Das Störende, das wir dadurch weghaben wollen, verstärken wir vielmehr, ja wir erschaffen es dadurch geradezu, und je öfter wir in dieser Weise kritisch werden, desto mehr wird es zwischen uns wachsen.

In gewisser Weise muss ich dem Einwand allerdings auch zustimmen: Negativität lässt sich nicht vollständig aus dem Zusammenleben der Partner ausschalten. Wir sind nicht immer sensibel, wir werden ab und zu unfair und unverhältnismäßig in unserer Kritik. Oder wir treffen bei aller Vorsicht mit unserer Kritik einen besonders wunden Punkt beim anderen, sodass er diese gerade nicht einstecken kann, sondern zurückschlagen »muss«.

Der amerikanische Paar-Forscher John Gottman (2000) hat uns hier durch seine Untersuchungen wichtige Erkenntnisse geliefert. Er fand heraus, dass Negativität einer Paarbeziehung dann nicht schadet, wenn die positiven Impulse die negativen stark überwiegen. Er will herausgefunden haben, dass dies im Verhältnis von 5 zu 1 geschehen müsste. Fünf positive Impulse würden einen negativen in seiner Wirkung neutralisieren. Das an diesem genauen Zahlenverhältnis festzumachen, mag manchem vielleicht allzu formalistisch erscheinen, wichtig daran aber ist: Das Positive, die Anerkennung, das Lob, die Zeichen der Zuneigung müssen – faire oder unfaire – Kritik ein gutes Stück überwiegen, damit sie ihr Ziel, nämlich Veränderung, erreichen. Ist das nicht der Fall, kann diese Kritik noch sosehr von der Absicht nach angemessener Veränderung getragen sein – sie wird das Gegenteil bewirken. Wir sind darauf angewiesen, uns von den Menschen, die uns nahestehen, positiv gehalten und von ihrem Wohlwollen umgeben zu fühlen. Dann vertragen wir auch Kritik und können sie uns zu Herzen nehmen. Und es bedarf dabei immer großer Achtsamkeit, dass die Kritik den positiven Halt nicht schnell zerstört. Wir Menschen sind da alle sehr empfindlich. Darum braucht es dieses Bemühen darum, dass die positiven Impulse die negativen immer wieder überwiegen, damit sich die geschilderten Negativitäts-Spiralen nicht entwickeln und die Basis der Beziehung zerstören.

Führt dieses Betonen des Positiven nicht dazu, dass vieles, was angesprochen werden müsste, unter den Teppich gekehrt wird? Und entsteht dadurch nicht die Gefahr, dass es irgendwann eine zerstörerische Explosion gibt, wenn es zu viel wird? Oder auch eine »Implosion«, das heißt Erkrankungen, psychosomatische Beschwerden, emotionale Verstimmungen und so weiter bei demjenigen, auf dessen Kosten diese »Positivität« hauptsächlich geht?

Hier wird keineswegs die Empfehlung gegeben, Problematisches in der Beziehung zu verschweigen oder gar auszublenden und so zu tun, als gäbe es dies nicht. Es ist im Gegenteil sehr wichtig, Dinge, die schiefzulaufen beginnen, rechtzeitig und deutlich anzusprechen. Aber es kommt sehr darauf an:

- Erstens, wie das geschieht. Das kann mit ätzender Kritik sein oder zugewandt, ernsthaft, getragen von der Sorge um die Beziehung: »Gerade weil du mir so wichtig bist und mir so viel an unserer Beziehung liegt, muss ich das Thema XY heute mit dir ansprechen...« Problematisches thematisieren, das muss keineswegs heißen, keine positiven Impulse mehr in die Beziehung hineinzugeben!
- Zweitens, in welcher Gesamtatmosphäre der Beziehung Probleme angesprochen werden. Haben wir uns bisher annähernd an die »Fünf-zu-Eins-Regel« gehalten, dann verlieren wir auch unsere positive Grundhaltung zueinander nicht, wenn wir uns mit diesem oder jenem Punkt heftig auseinandersetzen. Vielmehr haben wir dann einen Boden, der auch in ernsthaften Auseinandersetzungen trägt.

Aber wo bleibt hier die Authentizität? Ist diese Betonung des Positiven nicht etwas Künstliches? Kommt es dann noch glaubwürdig rüber?

Das Positive in der Beziehung betonen heißt nicht, dem anderen »Honig ums Maul schmieren«. Und noch weniger heißt es, den anderen aus taktischen Gründen und aus Berechnung loben oder anerkennen. Dies wirkt sich in einer Beziehung tatsächlich schlecht aus, abgesehen davon, dass es auf Dauer dem Partner gegenüber gar nicht durchzuhalten ist. Es geht nicht um Taktik und Strategie. Es geht um Achtsamkeit. Wir drücken einander so wenig Positives aus, nicht weil es nicht vorhanden wäre, sondern weil wir zu wenig darauf achten. Es braucht also einen Einstellungswandel, nämlich eher auf das halb volle Glas zu schauen als auf das halb leere, dann kommen Lob und Anerkennung auch echt rüber.

Hinweise

1. Es gibt hinsichtlich des Austausches von positiven Impulsen einen wichtigen Unterschied zwischen Frauen und Männern: Frauen legen im Allgemeinen auf den verbalen, also in Sprache gefassten Ausdruck von positiven Gefühlen größeren Wert als Männer. Männer sind darin oft sehr karg. Sie denken gar nicht daran, das, was sie durchaus fühlen, nämlich dass sie ihre Frauen schätzen, ihre Figur attraktiv, ihr Verhalten anziehend finden und so weiter, diesen auch mitzuteilen. Das hat wohl damit zu tun, dass beide von klein auf gewohnt sind, Sprache unterschiedlich zu benützen. Kurz gesagt: Für Frauen steht der Beziehungsaspekt von Sprache im Vordergrund, für Männer der Sachaspekt (Schulz von Thun 1986). Das heißt: Wenn Frauen miteinander sprechen, hat das immer auch das Ziel, sich wechselseitig ihrer Beziehung zu vergewissern. Bei Männern dagegen geht es in erster Linie um Informationsaustausch. Liebe Worte, Komplimente, Aussagen, die Anerkennung und Lob enthalten, haben aber meist keinen großen Informationsgehalt, vor allem dann, wenn man sie schon öfter ausgetauscht hat. Darum neigen Männer dazu, nach einiger Zeit keine Worte mehr darüber zu verlieren, weil es »ja eh klar ist«, dass sie ihre Frau lieben, schätzen und so weiter. Sie müssen lernen, dass Sprache viel mehr Funktionen hat als nur Informationsaustausch, und vor allem, dass sie ein Kontakt-Medium ist, in dem sich Haltungen, Stimmungen und Gefühle dem anderen gegenüber zum Ausdruck bringen. Worte geben also dem anderen nicht nur Informationen, die man aufnimmt, versteht und dann »abhakt«, sondern sie können auch die Bedeutung von Nahrung, Dünger oder Medizin bekommen, durch die eine Beziehung genährt, gefördert, geheilt wird. Aber dazu müssen sie eben immer wieder gesagt werden, so wie man auch Nahrung, Dünger und Medizin immer wieder gibt.

2. Im Gegensatz zu Männern neigen Frauen eher dazu, auf das gesprochene Wort einen eher übertriebenen Wert zu legen. Ich erinnere mich an eine Paargruppe: Frau und Mann saßen sich, wie es unserer Methode entspricht, im Kreis der Gruppe gegenüber und sprachen über ein sehr bewegendes Thema. Der Mann verstummte an einer bestimmten Stelle des Gesprächs plötzlich, und Tränen schossen ihm in die Augen... Das Gespräch kam ins Stocken. »Jetzt äußere doch endlich mal deine Gefühle«, meinte sie schließlich... Männer äußern oft ihre Gefühle anders als in Worten, häufig bevorzugen sie dafür auch das Tun. Sie arbeiten und schaffen und machen und tun – und die Frauen sollen darin ihre Liebe, ihre Zuneigung, ihr Ja zu ihnen spüren... Manchmal kann es helfen, ihnen die Zunge zu lösen, wenn die Frauen mehr bereit wären, auch diese zugegeben manchmal sehr distanzierten Zeichen als Ausdruck ihrer Anerkennung und ihres positiven Investments für sie und die Beziehung zu werten und ihnen dies auch immer wieder mal mitzuteilen: »Du tust so viel für mich, für uns, ich danke dir dafür!«

3. Insgesamt ist zu sagen, dass wir die verbale oder auch nonverbale Betonung des Positiven am anderen wirklich zu wenig gelernt haben. Vielleicht ist das Ausdruck einer puritanischen Einstellung: Wir dürfen es uns im Leben nicht zu gut gehen lassen, sonst werden wir übermütig... Darum lieber streng sein, lieber auf das halb leere als auf das halb volle Glas hinweisen, damit wir nicht faul, genusssüchtig oder lasterhaft werden. Von einer solchen Lebenseinstellung ist auf der Ebene unseres Bewusstseins nicht mehr viel übrig geblieben. Aber sie ist noch präsent darin, dass wir oft nicht wissen, wie wir uns das Leben gegenseitig schön und genussreich machen können. Darum kann es richtig und hilfreich sein, dass wir die Betonung des Positiven förmlich lernen, indem wir uns beispielsweise Formulierungen aneignen und einprä-

gen, die sich dazu eignen: »Ich freue mich, das zu hören!«, »Ich danke dir dafür, dass du mir das gesagt hast«, »Finde ich richtig gut, wie du das machst« und so weiter. Wie man eine Fremdsprache lernt, so müssen viele von uns die positive Sprache der Liebe erst lernen. Man kann sich hier nicht auf die Spontaneität verlassen. Spontan kommen uns Mahnungen und kritische Bemerkungen über die Lippen. Wir brauchen manchmal vorformulierte Sätze, um das Positive, das wir für den anderen empfinden, auch zu ihm herüberzubringen.

5 Lernen Sie, einander zu verzeihen
Die Kunst, Verletzungen wiedergutzumachen

Verletzungen sind unvermeidlich

Auch wenn wir uns redlich bemühen, das Positive in der Beziehung zu betonen, bleibt es – wie jeder aus Erfahrung weiß – nicht aus, dass wir den anderen im Alltag der Beziehung auch verletzen. Das kann sein, weil wir von ihm zu wenig wissen und deshalb »ins Fettnäpfchen treten«, weil wir gerade nicht gut drauf sind und um uns schlagen oder weil wir unbeabsichtigt einen wunden Punkt beim anderen getroffen haben und dergleichen mehr. Wenn wir über keine Möglichkeiten verfügen, solche Verletzungen zu überwinden, nimmt die Liebe Schaden. Oft ist eine Trennung der Schlusspunkt nach einer Reihe von unverziehenen Verletzungen, die – nach außen hin kaum sichtbar – schwärende Wunden in der Seele hinterlassen haben, an denen die Liebe im Laufe der Zeit zugrunde gegangen ist.

Das ist nämlich das Problem. Die Zeit allein heilt solche Wunden nicht. Das Wort von der Zeit, die Wunden heilt, mag stimmen, wenn es sich entweder um Bagatellen handelt oder der Mensch, der einen verletzt hat, nichts mehr mit einem zu tun hat. Aber die Wunden, die einem ein naher Mensch, der Partner, die Partnerin, zugefügt hat? Man kann natürlich versuchen zu vergessen, man kann darüber hinweggehen, man kann so tun, als ob nichts gewesen wäre. Aber wer das versucht, weiß, dass es nicht wirklich geht. Es ist wie ein Verband, den man über eine Wunde wickelt, ohne diese angemessen versorgt zu haben. Sie heilt dann schlecht oder gar nicht, sie beginnt zu eitern, oder sie verheilt so schlecht, dass die Narbe bei jeder Berührung wehtut.

Damit sind wir bereits bei einer ersten Voraussetzung für einen angemessenen Umgang mit Verletzungen: Man kann sie *nicht dadurch heilen, dass man sie wegsteckt*. Frühere Generationen, vor allem von Frauen, haben das häufig versucht. Oft haben sie sich dabei zugrunde gerichtet, sind psychisch oder physisch krank geworden. Auf diese Weise haben ihre Gefühle darauf bestanden, beachtet zu werden. Besser ist es also, die Verletztheitsgefühle gelten zu lassen, statt zu versuchen, sie zu ignorieren. Freilich kann es seinen guten Sinn haben, eigene mögliche Überempfindlichkeiten kritisch zu reflektieren und sie zu korrigieren. Aber es ist darauf zu achten, dass ich mir nicht selbst Überempfindlichkeit in die Schuhe schiebe, um etwas, das ich als Verletzung empfinde, unter den Teppich zu kehren. Verletzungen verschwinden dadurch nicht! Sie schwelen weiter und vergiften die Liebe.

Eine ebenso ungeeignete Vorgehensweise – jetzt von Seiten dessen, der verletzt hat – ist es, dem Verletzten zu beteuern, dass ich ihn mit diesem oder jenem doch gar nicht verletzen *wollte*. In der Mehrzahl der Fälle wird das durchaus zutreffen, die meisten Verletzungen passieren nicht so, dass ich den anderen bewusst und absichtlich direkt verletzen wollte. Dennoch meinen viele Menschen, damit eine Verletzung ungeschehen machen zu können: »Aber das wollte ich doch gar nicht!« Wie wirkt diese Beteuerung auf den anderen, der sich verletzt fühlt? Dass man ihm die Berechtigung seiner Gefühle abstreitet: Er soll sich nicht verletzt fühlen, weil es ja nicht die Absicht war, ihn zu verletzen! Häufig entsteht daraus nur Streit mit neuen Verletzungen, weil der Verletzte spürt, dass der andere nicht bereit ist, seine Gefühle zu respektieren. Dies ist also eine zweite Voraussetzung für einen heilsamen Umgang mit Verletzungen: *Die Tatsache, dass der andere sich verletzt fühlt, muss ernst genommen werden.* Es empfiehlt sich, nach dem Grundsatz vorzugehen: Ob ich den anderen verletzt habe, entscheidet sich nicht daran, ob ich das wollte oder nicht wollte, sondern an dem, was mein Tun oder Lassen bei ihm ausgelöst hat.

Es geht also als Erstes darum, was geschehen ist, geschehen sein zu lassen, und auf den Versuch zu verzichten, es durch Verleugnen oder Wegreden ungeschehen machen zu wollen. Ich habe dabei allerdings von Voraussetzungen gesprochen, denn es ist klar, dass damit allein noch keine Heilung der Verletzung geschehen ist. Wie heilt man also Verletzungen? Fünf Dinge scheinen mir – durchaus in unterschiedlicher Akzentuierung und Abfolge – von Bedeutung zu sein, um in einer Paarbeziehung Verletzungen, die geschehen sind, überwinden zu können: Ansprechen – Verstehen – Anerkennen – Verzeihen – Wiedergutmachen.

Ansprechen

Als Erstes ist es nötig, dass derjenige, der sich verletzt fühlt, *diese Verletzung auch anspricht.* »Er/Sie hat es ja nicht so gemeint«, »Ich bin aber auch empfindlich«, »Sei doch keine so beleidigte Leberwurst« (zu sich selbst gesprochen) und dergleichen – das sind Verleugnungsstrategien von Seiten dessen, der eine Verletzung empfindet, die sich auf die

Dauer äußerst destruktiv auswirken. Sicher ist es angemessen, die eigene Empfindsamkeit zu überprüfen und sich zu fragen, ob und warum man zuweilen überreagiert. Dies kann ein wichtiger Beitrag zum konstruktiven Umgang mit Verletzungen sein. Aber das Verletzungsgefühl zu verdrängen oder zu verleugnen ist es sicher nicht. Denn die Verletztheitsgefühle rutschen so in den »Untergrund« – und wenn das Maß voll ist, kann es bei einem nichtigen Anlass zu einer dann tatsächlich völlig unangemessenen Reaktion kommen, die den anderen trifft wie der Blitz aus heiterem Himmel. Darum ist es besser, Verletzungen, die man empfindet, dem Partner/der Partnerin gegenüber möglichst bald deutlich und ernsthaft anzusprechen: »Du, das hat mich jetzt verletzt«, »Was du da sagst, kränkt mich«, »Ich habe mich gestern nach dem Gespräch sehr schlecht gefühlt...« Solche Äußerungen machen mich als Partner nicht gerade pflegeleicht, der stromlinienförmige Ablauf der Dinge wird dadurch gestört, aber solche Störungen sind nötig, damit es nicht zu destruktiven Entwicklungen kommt, die dann viel schwerer wieder umzusteuern sind.

Verstehen

Die Überwindung von Verletzungen scheitert oft daran, dass einer von beiden oder beide nicht verstehen, was eigentlich geschehen ist. Ein Beispiel: Bei Margot haben früher als erwartet die Presswehen eingesetzt. Margot meint, für die Klinik sei es jetzt ohnehin zu spät. Sie traut sich eine Hausgeburt zu und möchte die Hebamme, die gleich nebenan wohnt, dazurufen. Aber Josef ist dafür vollkommen unzugänglich, er nötigt sie ins Auto, rast in die Klinik, und voller Hektik und unter totalem Stress kommen sie gerade noch rechtzeitig an. Margot nimmt ihm das übel, aber Josef blockt ihre Vorhaltungen radikal ab. Nach seiner Meinung musste er so handeln, wie er es tat, und damit basta. So fügt jedes Gespräch darüber der alten noch eine neue Verletzung hinzu. Zu einer Wende kommt es erst, als beide in einer Paarberatung aus einem gewissen Abstand nochmals auf andere Weise darüber sprechen können. Margot kann ohne Anklage Josef bitten, ihr doch mal zu erklären, was eigentlich damals in ihm vorgegangen sei, dass er gerade in dieser Situation so hart und unzugänglich geworden ist. Darauf kann Josef darüber zu sprechen beginnen, wie er gerade am Anfang ihrer Ehe noch mit dem Verdikt seines Vaters zu kämpfen hatte: »Du bringst ohnehin nichts zustande. Du bist viel zu weich und nachgiebig, und wenn Handeln angesagt ist, schreckst du zurück...« Gerade in dieser kritischen Situation damals fühlte er sich aufgerufen, das Gegenteil zu beweisen! Das war der wesentliche Grund seiner Härte und Sturheit.

Als Margot das erfuhr und aus der Art, wie er es erzählte, auch nachvollziehen konnte, was in Josef vorgegangen war, war ein wesentlicher Schritt zur Heilung der Verletzung getan. Das Verstehen Josefs aus seiner damaligen inneren Situation heraus ermöglichte es ihr, das Erlebte im Nachhinein anders zu sehen, und damit änderten sich auch ihre Gefühle. Genauso wichtig war es für Josef, dass er über diese Zusammenhänge endlich reden konnte. Denn diese wurden ihm selbst erst in diesem Gespräch so richtig deutlich. Vorher war es nur eine Ahnung, die er aber, weil er sich ja verteidigen musste, immer wieder zurückdrängte. *Das gemeinsame tiefere Verstehen führte die beiden wieder zusammen.* Es ermöglichte einen Ausstieg aus dem entstandenen Täter-Opfer-Muster. Beiden, Margot wie Josef, wurde deutlich, dass er, der Täter, auch ein Opfer war, dem Mitgefühl gebührte, und dass sie, das Opfer, auch zur Täterin wurde, indem sie mit immer wiederkehrender Anklage ständig auf seinen »wunden Punkt« einschlug.

Auch für dieses heilende Verstehen kann es von zentraler

Bedeutung sein, zum »Kind im anderen« und zu dessen Motiven für sein Handeln Kontakt zu bekommen. Das gilt übrigens oft auch in umgekehrter Richtung – vom »Täter« zum »Opfer«: Rudi versteht nicht, dass jeder liebevoll gemeinte Scherz Ulrike tödlich beleidigt. Er empfindet sie deshalb humorlos und als Spaßverderberin... Bis Ulrike ihm in einer ruhigen Stunde deutlich machen kann, dass sie ihren Brüdern immer als Belustigungsobjekt diente und dass sie darunter furchtbar gelitten hat. Sie hatte niemanden, der sie schützte, denn die Eltern bekamen das nicht mit. Er, Rudi, ihr erster Freund, war für sie die ersehnte Zuflucht, wo sie Achtung und Wertschätzung erfuhr. Und nun machte auch er sich noch lustig über sie... Als Rudi das erfuhr, konnte er einschätzen, was seine Scherze für Ulrike bedeuteten, musste sich nun nicht mehr verteidigen und konnte anerkennen, wie verletzend er damit für sie war.

Anerkennen

An diesem letzten Beispiel wird deutlich, dass es manchmal mit dem Verstehen allein noch nicht getan ist. In vielen Fällen ist es der wesentliche Schritt. Das Gefühl der Verletzung verschwindet. In anderen Fällen muss über das Verstehen hinaus noch etwas dazukommen: Nämlich dass der Täter/die Täterin die Tatsache, dass er sie bzw. sie ihn verletzt hat, *ausdrücklich anerkennt*.

Für Karoline mag es von größter Bedeutung gewesen sein, den Urlaub ohne Rücksprache mit ihrem Partner Moritz zu stornieren, weil sie plötzlich merkte, dass das ganze geplante Unternehmen für sie überhaupt nicht »stimmte« und sie wieder einmal in Gefahr war, ein »falsches Ja« zu sagen. Das mag verständlich sein, auch für Moritz. Trotzdem verletzt ihn ihr Handeln tief, da nützen alle Erklärungen nichts. Es mag für Karoline sogar notwendig gewesen sein, diesen Schritt ohne vorherigen Kontakt zu Moritz zu tun, weil sie sonst wieder »umgefallen« wäre. Aber auch das ändert nichts an der Verletzung. Deshalb braucht Moritz jetzt, dass sie ihm etwa sagt: »Ich habe das deshalb und deshalb gemacht. Aber ich sehe auch, dass ich dich damit sehr verletzt habe!« Würde sie nur die Argumente vorbringen, die ihr Handeln erklären, wäre das in diesem Zusammenhang ein Herausreden, das die Verletzung nicht überwindet, sondern durch die Zumutung, Moritz dürfe »deshalb« nicht verletzt sein, nur neue Verletzungen hinzufügt.

Das Anerkennen der Tatsache, dass ich den anderen verletzt habe, zu all dem dazu und trotz allem, was man verstehen und nachempfinden kann, ist für die Bewältigung von Verletzungen von größter Bedeutung. Ich höre in der Therapie immer wieder: »Wenn er nur *anerkennen* könnte, dass mich das verletzt hat, dann könnte ich's gut sein lassen!« Dass jemand immer wieder auf alten Verletzungen »herumreitet«, hat nicht selten darin seinen Grund, dass der andere sie niemals anerkannt hat. »Ja, ich erkenne es an, ich habe dich damit schwer verletzt« – das wäre oft der erlösende Satz, der bewirken könnte, dass die Verletzung in der Vergangenheit versinkt!

Warum fällt dieses Anerkennen oft so schwer? Vielleicht »muss« der Verletzende um jeden Preis eine »weiße Weste« bewahren. Es wäre schlimm, wenn Flecken darauf sichtbar würden. Warum? Gibt es hier eine weit zurückreichende Angst vor schlimmer Strafe, wenn er/sie bei einer »Untat« erwischt wird? Würde ein Zugeben in seiner/ihrer inneren Welt zu einer furchtbaren Demütigung führen? Es lohnt sich, über solche Zusammenhänge zu reflektieren. Welche Erfahrungen hat er/sie in der Kindheit gemacht, die solche Ängste in seiner/ihrer Seele ausgelöst haben?

»Ja, es ist so – ob ich es nun wollte oder nicht: Ich habe dir damit wehgetan. Ich erkenne es an!« Hilfreich könnte es auch sein, sich klarzumachen, um wie viel großzügiger und souveräner es ist, in dieser Art mit dem anderen über das Vorgefallene zu sprechen, anstatt die Verletzung zwanghaft und angstvoll wegargumentieren zu »müssen«.

Um Verzeihung bitten und Verzeihung gewähren

Es kann sein, dass es auch mit dem Anerkennen noch nicht getan ist. Derjenige, der die Verletzung erlitten hat, spürt: Ich brauche noch etwas von ihm, von ihr. Das ist vor allem bei schwer wiegenden Verletzungen so. Auch hier wieder ein Beispiel: Beatrice und Olaf haben vereinbart, mit dem Kinderkriegen noch ein paar Jahre zu warten, aus unterschiedlichen, aber für beide wichtigen Gründen. Beatrice vergisst die Pille und wird schwanger. Olaf ist wütend darüber, sagt aber dann doch Ja zum Kind. Kurz nach der Geburt hat er eine Affäre mit einer Kollegin. Weil er damit rasch wieder Schluss gemacht hat, versucht Beatrice, sich zu sagen: »Na ja, er war ja auch nicht einverstanden mit dem Kind. Er hat sich das halt als Ausgleich dafür geholt. Und er hat die Sache ja auch schnell wieder beendet...« Olaf sieht das auch als eine Art Ausgleich für das, was sie ihm »eingebrockt hat«, er ist dankbar für ihr Verständnis und meint erleichtert, die Sache sei damit erledigt. Aber sie merkt, dass sie das trotz ihrer Verstehensbemühungen nicht ist. Die Tatsache, dass er gerade in dieser sensiblen Zeit unmittelbar nach der Geburt mit einer anderen ins Bett gestiegen ist, hat sie zu tief getroffen... Verstehen tut sie es, anerkannt hat er es. Dennoch spürt sie vage, dass sie noch etwas von ihm bräuchte. Obwohl sie es sich kaum einzugestehen wagt: Sie bräuchte, dass er sich dafür bei ihr *ausdrücklich entschuldigt*. Es würde ihr so guttun, wenn er zu ihr sagen könnte, dass es ihm leid tut, dass er ihr das angetan hat.

Was geschieht hier? Bei allem Verständnis empfindet Beatrice, dass Olaf in dieser hochsensiblen Situation an ihr schuldig geworden ist, und um ihm diese Schuld verzeihen zu können, braucht sie seine Bitte darum. Für viele ist das entscheidend, wenn der Partner, der verletzt hat, diesen Schritt auf den Verletzten zu macht und sich so angewiesen zeigt auf dessen Willen, es wieder gut sein zu lassen. »Dass ich dich damit verletzt habe, tut mir leid. Ich bitte dich um Verzeihung!« Das ist zweifellos eine »Demutsgebärde«. Darum – so meine ich – sperren sich viele dagegen: aus Angst davor, dass diese Demut ausgenutzt wird, sie zu demütigen. Es braucht großen Mut zu dieser Demut. Aber wenn sie aufgebracht wird, hat es eine befreiende Wirkung. Der Täter verneigt sich gleichsam vor dem Opfer, gleicht damit von seiner Seite das entstandene Täter-Opfer-Gefälle wieder aus und setzt damit das zerstörerische Täter-Opfer-Muster außer Kraft.

Allerdings braucht es, damit das vollends gelingt, als Pendant dazu auch den Schritt des »Opfers«: Der Verletzte muss bereit sein, *Verzeihung zu gewähren*, und das heißt, die Verletzung nun seinerseits auch loszulassen: »Ich habe gehört, was du gesagt hast, und ich nehme es an. Ich verzeihe dir, und für mich ist damit die Sache in Ordnung gebracht!« Diesen Schritt machen viele Verletzte nicht, auch wenn ihnen von den Verletzern die Bitte um Vergebung ehrlich und glaubhaft entgegengebracht wird. »Das verzeihe ich dir nie!«, sagen sie. Oder sie sagen es zwar nicht so, aber bei jeder Kleinigkeit holen sie das ganze Sündenregister aus der Vergangenheit wieder hervor und machen den anderen damit nieder. Das heißt mit anderen Worten: Wenn der Verletzte die Verletzung verzeiht, verzichtet er auch auf etwas, nämlich auf eine durch die Verletzung entstandene Machtposition.

Inwiefern ist *der Verletzte in einer Machtposition*? In moralischer Hinsicht ist das Täter-Opfer-Gefälle gerade umgekehrt: Da ist der Täter »unten« und das Opfer »oben«. Durch Bestehen auf der Unverzeihlichkeit der Verletzung und durch Vorhalten des Sündenregisters versucht der Verletzte den Täter immer wieder in die »untere Position« zu bringen und sich so für dessen »Untat« zu rächen. Das ist zwar auch ein – durchaus verständlicher – Ausgleichsversuch, freilich einer, der sich als untauglich erweist. Denn durch diese Rache-Strategie kommt kein wirklicher Ausgleich zustande, sie provoziert nur eine endlose Vergeltungs-Spirale. Zu verzeihen heißt, die Sache endgültig gut sein zu lassen, also die Verletzung loszulassen. Das beinhaltet den Verzicht, sie als Waffe je wieder in Auseinandersetzungen hervorzuholen. Damit Verletzungen wirklich überwunden werden, ist dies der notwendige Beitrag, den der Verletzte nun seinerseits zu leisten hat.

Wiedergutmachen

Das ist aber manchmal schwer. Bisweilen fühlen die verletzten Partner ganz deutlich, dass sie damit etwas aus der Hand geben, das ihnen bisher ein Stück Überlegenheitsgefühl gegeben hat. Sie spüren daher, dass sie, um diesen Verzicht zu leisten, *noch* etwas brauchen. Für alle Beteiligten erlösend kann hier die Idee von der Wiedergutmachung durch ein konkretes Tun sein. Was ist damit gemeint?

Dazu ein weiteres Beispiel: Mit meiner inzwischen verstorbenen Frau Margarete war ich einmal zu Besuch bei Freunden. Margarete schwärmte von einem Seminar, das sie gerade hinter sich hatte, und vom Seminarleiter. Sie war so beeindruckt davon, wie er seine ungewöhnliche Methode zu handhaben verstand. Das ärgerte mich, und weil ich das nicht direkt sagen mochte, machte ich ständig abwertende Bemerkungen über ihre Begeisterung und zog sie ins Lächerliche. Das wiederum erboste sie, und als wir nachhause fuhren, hing der Haussegen endgültig schief. Daheim zog jeder sich schmollend auf sein Zimmer zurück. So wollte ich den Sonntag aber nicht zu Ende gehen lassen. Ich ging zu ihr, sagte, dass mir klar sei, womit ich ihre Verstimmung verursacht hätte, und dass ich verstünde, sie damit verletzt zu haben, und sie hiermit um Entschuldigung bitte. Sie tat sich schwer, so direkt darauf einzugehen. Da kam mir die erlösende Idee, sie zu fragen: »Kann ich etwas für dich tun, womit ich das wiedergutmache? Ich möchte so gerne, dass das zwischen uns ausgeräumt wird und dass dieser Sonntag noch schön zu Ende geht!« Da hellte sich ihr Gesicht auf, und nach einiger Zeit des Überlegens meinte sie: »Gute Idee! Ich bin gerade dabei, den Workshop für nächste Woche vorzubereiten. In einer Stunde bin ich fertig. Da könntest du für uns beide ein schönes Abendessen gekocht haben! Dann ist die Sache für mich o.k.!« Obwohl meine Kochkünste nicht sehr ausgeprägt sind und mich dieser Vorschlag etwas unter Druck setzte, war ich doch heilfroh, auf diese Weise eine Möglichkeit bekommen zu haben, die Sache aus der Welt zu schaffen. Ich brachte ein ganz ordentliches Mahl zustande – und wir hatten noch einen schönen gemeinsamen Abend.

Andere Beispiele aus Paarberatungen:

Eine Frau, die sich nach drei Jahren Ehe durch eine Außenbeziehung ihres Mannes sehr verletzt fühlte, wünschte sich – nachdem das Ganze ausführlich besprochen, verstanden und anerkannt war – von ihrem Mann als Wiedergutmachung, dass er aus den Stößen von Fotos und Texten, die von der Hochzeit noch in der Schublade herumlagen, das Hochzeitsbuch, das sie geplant hatten und zu dem »nie die Zeit reichte«, dieses Hochzeitsbuch in Angriff zu nehmen und bis zu ihrem Hochzeitstag ganz allein fertigzustellen. Dass er bereit dazu und sogar froh und erleichtert darüber war, war für sie ein versöhnendes Zeichen, dass ihm der Entschluss von damals trotz allem, was in der Zwischenzeit passiert war, noch immer viel bedeutete und er nach wie vor dahinterstand.

Wieder eine andere Frau hatte sich in den ersten Jahren von ihrem Mann total im Stich gelassen gefühlt, weil er sich damals beruflich vollständig eindecken ließ und sie mit den zwei kleinen Kindern gänzlich im Stich gelassen hatte. Dies hatte die beiden an den Rand der Trennung gebracht, weil es diametral der ursprünglichen Zukunftsvision des Paares – sie ebenfalls berufstätig und er ein präsenter Vater – widersprach. Die beiden kamen schließlich dazu, einen Neuanfang machen zu wollen. Um die alte Verletzung hinter sich lassen zu können, wünschte sich die Frau für sich eine Kur. Der Mann sollte sich in dieser Zeit beruflich freischaufeln und die Betreuung der Kinder übernehmen. Er griff diesen Vorschlag erleichtert auf, enthielt dieser doch die Möglichkeit für ihn, das Ungleichgewicht, das entstanden war, wieder ein wenig auszugleichen.

An diesen Beispielen möchte ich einige wichtige Punkte zum Thema *Wiedergutmachung* erläutern:

- Die Möglichkeit einer Wiedergutmachung durch konkretes Tun zu nutzen kann für beide, den Verletzten und den Verletzter, eine große Erleichterung sein. Für den Verletzten ist es eine Hilfe, seine Verletztheitsgefühle loszulassen, weil der andere »handgreiflich« zeigt, dass es ihm ernst ist und dass er es sich etwas kosten lässt. Dem Verletzer wiederum, der seine »Schuld« ja nicht loswerden kann, indem er sie ungeschehen machen würde, gibt die Wiedergutmachung in dieser Situation der Hilflosigkeit eine Möglichkeit, zu handeln und auf diesem Weg etwas Wirksames zu tun.
- Die Idee der Wiedergutmachung nimmt die *Metapher vom Kontenausgleich* zuhilfe. In einer Beziehung muss es »ausgeglichene Konten« geben. Und durch eine Verletzung ist beim Verletzten ein Minus-Stand entstanden (Clement 2002). Durch eine Wiedergutmachung im Tun bekommt der Verletzer eine konkrete Chance, den Konto-

Ausgleich herbeizuführen. Natürlich ist eine Paarbeziehung keine geschäftliche Veranstaltung. Dennoch tut es ihr manchmal sehr gut, sie ein wenig auch so zu sehen. Das verhindert, sich in Gefühle zu verbeißen, und bringt – jedenfalls in unserem Zusammenhang – eine wohltuende Nüchternheit und – wie die Beispiele vielleicht etwas ahnen lassen – oft auch einen Schuss Humor ins Geschehen.

- Eine derartige Wiedergutmachung funktioniert nicht automatisch und mathematisch in dem Sinn, dass man sagen könnte: Das oder etwas mehr oder weniger davon »bewirkt« den Ausgleich, so wie man sagen könnte: »Der entstandene Schaden beläuft sich auf 1000 Euro, also müssen 1000 Euro bezahlt werden, damit ist die Schuld beglichen.« So geht es in unserem Zusammenhang nicht. Wir müssen als Paar etwas als Wiedergutmachung *definieren*, einem bestimmten Handeln die Funktion der Wiedergutmachung *geben*, damit es diese Wirkung hat. Damit aber handelt es sich hier immer um *eine Symbolhandlung*, auch wenn es um etwas sehr Handfestes wie das Kochen des Abendessens oder die Kinderbetreuung während der Kur der Frau geht.

- Natürlich soll diese Symbolhandlung einerseits den Möglichkeiten des Verletzers, andererseits dem Empfinden des Verletzten entsprechen. Nicht jeder wird sich – auch bei bestem Willen nicht – beruflich für drei Wochen freischaufeln und die Kinderbetreuung übernehmen können. Und andererseits wird nicht jede ausgerechnet das als eine Wiedergutmachung erleben. Das heißt: Was die passende und »lösende« Wiedergutmachung ist, muss jedes Paar *für sich selbst ganz individuell herausfinden*. Es gibt kein Rezeptbuch, in dem man nachlesen könnte: »Man nehme ...«

- Was als Wiedergutmachung gilt, muss *vom Verletzten selbst definiert* werden. Der Verletzer kann wie im ersten

Beispiel die Idee dazu einbringen oder auch Vorschläge machen, aber sagen, was er möchte und braucht, ist Sache dessen, der verletzt wurde. Ansonsten entsteht die Gefahr einer »never ending story«: Der Verletzte kann immer wieder sagen: »Nein, noch nicht genug!« oder »Noch nicht das Richtige!« – und ein wahres Katz-und-Maus-Spiel würde beginnen.

- Die vom Verletzten definierte Wiedergutmachung muss *ein Handeln sein, das einen Anfang und ein Ende hat*, so wie das Bereiten des Abendessens oder das Zusammenstellen des Hochzeitsbuches in den Beispielen. »Als Wiedergutmachung will ich von dir, dass du in Zukunft immer ... oder nie mehr ...«: So geht es *nicht*, denn dadurch bleibt der Partner immer der Schuldner, dessen Schuld nie abbezahlt sein wird. Der »Schuldner« muss wissen: Wenn ich das gemacht habe, ist die Sache für uns in der Beziehung wieder in Ordnung.

Geschehene Verletzungen sind Realitäten in der Beziehung, die wir nicht einfach beiseiteschieben können. Wir müssen mit ihnen umgehen. Um dies Paaren nahezubringen, stelle ich in diesem Zusammenhang oft an den verletzten Partner folgende Frage: »Gibt es etwas, was Sie von Ihrem Mann/Ihrer Frau noch brauchen, damit Sie Ihre Verletzung loslassen können?« Mit dieser Frage möchte ich zwei Anstöße geben: einmal bei sich selbst zu spüren, dass es etwas oder sogar mehreres braucht, etwas Aktives, ein Handeln, um eine Verletzung zu überwinden. Damit wird der Prozess eingeleitet, den ich oben mit »Ansprechen – Verstehen – Anerkennen – Verzeihen – Wiedergutmachen« charakterisiert habe. Zum andern will ich damit deutlich machen, dass es zur Überwindung von Verletzungen das Bemühen *beider* braucht: nicht nur das des Verletzers, sondern entscheidend auch das des Verletzten. Nur in dieser Wechselseitigkeit kann das verhängnisvolle Täter-Opfer-Muster nachhaltig aufgelöst werden, und damit ein Muster, das jede Liebesbeziehung auf die Dauer zerstört.

Einwände

Manchmal empfinden Menschen, obwohl sie alles versuchen, was in diesem Kapitel erwähnt wurde, dass sie dennoch ihrem Partner etwas, das er getan oder unterlassen hat, nicht verzeihen können. Die Verletzung ist zu groß. Was dann?

Ich stelle bei diesem Einwand zunächst mal in Frage, dass die beiden wirklich alles versucht haben, was in diesem Kapitel erwähnt wurde. Vor allem: Haben es wirklich *beide* versucht? Wenn sich nur einer darum bemüht, der andere aber nicht mitmacht, wird es tatsächlich sehr schwierig. Das kann Versöhnung tatsächlich unmöglich machen.

Oft stelle ich außerdem fest, dass das Nicht-verzeihen-Können damit zu tun hat, dass einer oder beide noch keinen Weg gefunden haben, den anderen in seinem Tun und in seinem Erleben aus dessen Position heraus zu verstehen (»Sich in die Schuhe des anderen stellen können«!). Möglicherweise bräuchten die beiden hier zusätzliche Hilfe durch eine Paartherapie, diesen Zugang zur Welt des anderen zu finden, dann würde der Aussöhnungsprozess vielleicht doch in Gang kommen. Der Paartherapeut hat oft die wesentliche Funktion, zu einer Art Verstehens-Brücke zwischen den Partnern zu werden, auf der sie den Weg zum anderen wieder finden.

Des Weiteren müsste man fragen: Wenn tatsächlich kein Weg zum Verzeihen gefunden werden kann, könnte es nicht sein, dass dies ein Zeichen dafür ist, dass die Beziehung eben zu Ende ist und eigentlich eine Trennung ansteht? Und dass die Anklagen gegen den, der verletzt hat, eigentlich eine Art Ersatzhandlung sind? Mindestens könnten sie ein Zeichen sein, dass etwas zwischen den Partnern steht und nicht zu beseitigen ist, das wirkliche Nähe zueinander verhindert und auch weiterhin verhindern wird. Was das für den weiteren Bestand der Beziehung sagt, ist zunächst offen. Ob man sich deshalb trennt oder nicht, ist ja immer auch davon abhängig, wie die Positiv-Negativ-Bilanz der Beziehung insgesamt ausfällt. Es kann sein, dass die Vorteile, die jemand aus einer Beziehung schöpft, dennoch überwiegen und er den Preis bleibender Distanz zum Partner deshalb zu zahlen bereit ist. Das, was ich unter einer lebendigen Liebe verstehe, wird es wohl zwischen den beiden nicht mehr geben, trozdem können sie oder einer der beiden es vorziehen, so miteinander weiterzuleben.

Gibt es nicht bei den hier vorgeschlagenen »Versöhnungsstrategien« tausend Möglichkeiten des Missbrauchs? Das Verstehen kann vorgetäuscht, das »Bitte um Entschuldigung« kann einfach so dahingesagt, und die »Wiedergutmachung« kann ein bloß äußeres Tun sein. Das sind doch dann billige Tricks, sich aus der Affäre zu ziehen, aber sie bewirken nichts.

Richtig. Alles was hier gesagt wird, kann als billiger Trick missbraucht werden. Wenn Betroffene dieses Gefühl haben, müssen sie es ansprechen und den Partner damit konfrontieren. Meine Vorschläge schützen vor Missbrauch nicht. Sie richten sich an jene, die den ehrlichen Willen haben, Verletzungen, die die Beziehung belasten, loszuwerden. Auf dieses Bedürfnis hin sind sie formuliert: als Wegweiser für den, der von sich aus einen solchen Weg gehen will.

Wie soll eine »Wiedergutmachung« wirklich etwas wieder gut machen? Hier wird doch versucht, etwas »Inneres«, nämlich eine seelische Verletzung, mit etwas »Äußerem«, nämlich einem Tun und Handeln, aufzuwiegen!

Das Tun, um das es hier geht, kann nicht »von sich aus« die Verletzung kurieren, das steht außer Frage. Die Wiedergutmachung geschieht durch die Bedeutung, die *beide* diesem Tun zuschreiben. Es soll ein Zeichen sein, dass es dem Verletzer wirklich ernst ist mit seinem Willen zur Versöhnung, und der Verletzte bringt durch die Annahme zum Ausdruck, dass er den anderen nicht ewig in der Schuldposition halten will. Das wird freilich unter Umständen erleichtert, wenn die Wiedergutmachungs-Tat auch einen inneren Bezug zu der Verletzung hat: Das sorgfältige Zusammenstellen des bisher vernachlässigten Hochzeitsbuches in unserem Beispiel ist ein passendes Symbol, das zum Ausdruck bringt, dass es dem Partner, der fremdgegangen ist, wirklich ernst ist mit einem Neuanfang in der Beziehung. Auch dass es den Verletzer unter Umständen wirklich etwas »kostet« – Zeit, Energie, Geld – wie im Beispiel mit der Kinderbetreuung, kann angesichts der Schwere der Verletzung ein angemessener Ausdruck sein. Aber »objektiv« verrechnen lassen sich Verletzung und Wiedergutmachung niemals. Wir sind es, die uns diesen Weg als Ausgleichsmöglichkeit schaffen und ihm diese Bedeutung geben.

Meist ist eine Verletzung doch bereits eine Reaktion auf eine vom andern vorher angetane Verletzung. Wenn ich um Verzeihung bitten und gegebenenfalls Wiedergutmachung leisten soll, geht mir dann nicht ständig durch den Kopf: »Ja, und ich? Was ist mit der Verletzung, die er/sie mir angetan hat?« Wenn ich aber auf diesem Einwand bestehe, kommen wir dann nicht in ein endloses gegenseitiges Aufrechnen hinein, das zu nichts führt?

Solches Aufrechnen ist auf jeden Fall zu vermeiden, denn es reißt nur alte Wunden wieder auf. Ich würde aber verneinen, dass die Verletzungen »meist« wechselseitig sind. In vielen Fällen liegt durchaus eine eindeutige Einseitigkeit vor, bei den von mir genannten Fällen zum Beispiel bei der abrupten Aufkündigung der vereinbarten Ferienreise durch die junge Frau. Für die Fälle jedoch, in denen die Gefahr des gegenseitigen Aufrechnens besteht, weil tatsächlich die Verletzung der einen Reaktion auf die Verletzung des anderen war, gebe ich hier noch zwei Hinweise: Man setzt sich zuerst mit der Verletzung des einen auseinander und schafft sie aus der Welt und dann mit der des anderen. Zuerst entschuldige zum Beispiel ich mich für meins bei dir und sage dir eventuell eine Wiedergutmachung zu, danach bist du dran, entschuldigst dich und verpflichtest dich zu einer Wiedergutmachung. Jeder von uns beiden muss dann eben aushalten, dass es zuerst nur um den einen und dann nur um den anderen geht. Es wird eine Hilfe sein, diese Einseitigkeit auszuhalten, wenn wir vereinbart haben, dass jede Seite zur Geltung kommen wird.

Wenn das trotzdem ins Unendliche zu führen droht, gibt es schließlich auch noch diese Möglichkeit – wir sagen uns gegenseitig: »Ich hab dir eine Menge angetan, du hast mir eine Menge angetan. *Damit sind wir quitt.* Komm, machen wir einen Strich unter das Ganze, und lass uns neu beginnen!« Eine zusätzliche Hilfe kann es in diesem Fall sein, dass jeder nochmals – ein letztes Mal – das ganze Sündenregister des anderen hervorholt, jede Untat, die er ihm angetan hat, in einer Liste auf einen Zettel schreibt, dann tun sie die Zettel zusammen und verbrennen sie oder werfen sie auf Nimmerwiedersehen in den nächsten Fluss ...

Hinweise

1. Mehrfach schon habe ich von Paaren gehört, dass sie nach der Maxime handeln: Nicht miteinander ins Bett gehen, bevor die Zwistigkeiten vom Tag zwischen uns nicht bereinigt sind. Diesen Grundsatz vor allem auf Verletzungen, die tagsüber geschehen sind, anzuwenden, finde ich einer Beziehung sehr zuträglich, auch wenn dabei vermieden werden sollte, dass dabei zu oft die Nächte allzu kurz werden! Das heißt: Manchmal ist die Zeit noch

nicht reif für eine fruchtbare Auseinandersetzung, und es ist auch gut, die eine oder andere Nacht darüber zu schlafen. Was die Maxime aber berechtigterweise zum Ausdruck bringt, ist dies: Möglichst zu *vermeiden, dass sich mehr und mehr ansammelt,* ohne dass es erledigt wird. »Unerledigtes« schwelt weiter, und je länger es geht, desto schwieriger wird es, den eigentlichen Brandherd genau zu orten, weil man dann oft nicht mehr weiß, wie das Ganze überhaupt zustande gekommen ist. Das heißt: Wenn Verletzungen geschehen sind, keine unerledigte Angelegenheit daraus werden lassen, möglichst bald ansprechen, entweder von Seiten des Verletzten oder des Verletzers!

2. Oft ist es allerdings so, dass diese Maxime nicht beachtet wurde. Aus den verschiedensten Gründen hat sich über lange Zeit eine Reihe von Verletzungen angesammelt, die nie wirklich überwunden wurden. Es kann sogar sein, dass Verletzungen »damals«, als sie geschahen, auf der bewussten Ebene von keinem der beiden Partner als solche registriert wurden. Trotzdem wirken sie zerstörerisch auf den weiteren Verlauf der Beziehung ein. Erst im Zusammenhang beispielsweise einer neuen, aktuellen Verletzung wird dem Betroffenen bewusst: Das war nicht das erste Mal, das war schon damals, und damals... Solche Situationen können zu einem wichtigen Anlass werden, darüber nachzudenken: Was an Verletzungen, die wir gar nicht richtig beachtet haben oder die wir gemeint haben, wegstecken oder durch Nichtbeachtung ungeschehen machen zu können, gibt es denn noch in unserer bisherigen Geschichte? Es geht hier nicht darum, längst Begrabenes wieder auszubuddeln und zu rekonstruieren. Es geht um das, was heute noch nachwirkt. Zur Heilung der Beziehung kann es unumgänglich sein, noch einmal in »den Keller der Skelette« zu steigen, um diese angemessen zu versorgen und schließlich für immer zu be-

graben. Wenn es derer einige gibt, können therapeutische Rituale für dieses Anliegen sehr hilfreich sein (Jelloushek 2002b).
3. Paare müssen heutzutage viel mehr als in früheren Zeiten, als die Art, zu leben und zusammenzuleben, sehr viel stärker kollektiv festgelegt war, »nach ihrer eigenen Façon selig werden«, das heißt, sie sind in sehr vielen Angelegenheiten des Zusammenlebens allein auf sich und ihre subjektiven Fähigkeiten angewiesen. Darum ist es sehr hilfreich, wenn Paare für sich gemeinsame Vorgehensweisen entwickeln, auf die sie dann bei Bedarf zurückgreifen können. »Eine eigene Beziehungskultur entwickeln« – so nenne ich das. Das gilt besonders auch für das hier behandelte Thema des Umgangs mit Verletzungen. Die hier vorgeschlagenen Aspekte »Ansprechen – Verstehen – Anerkennen – Verzeihen – Wiedergutmachen« können dafür eine Unterstützung sein. Aber sie sind es nur, wenn die Partner sich entscheiden, so oder ähnlich damit umzugehen. Sie brauchen *ihre* Worte und *ihre* Formen dafür, und sie müssen beide zum Beispiel beschließen, dass so etwas wie »Wiedergutmachung durch konkretes Handeln« in ihrem Leben möglich und gültig sein soll. Das gilt ähnlich auch in vielen anderen Angelegenheiten des Paarlebens, bei diesem heiklen Thema der Verletzungen scheint es mir aber besonders wichtig, es zu betonen.

6 Schaffen Sie Räume für Intimität
Die Kunst, einander nahzukommen

Intime Paarbeziehung

Wenn ich hier von Intimität in der Paarbeziehung spreche, meine ich auch, aber nicht in erster Linie, körperliche Intimität. Intimität meint die umfassende persönliche Nähe, die zwei Menschen in ihrer Beziehung erfahren, mental, emotional und körperlich. Einer fühlt sich vom anderen in seiner Person gemeint, im Herzen berührt und mit ihm tief vertraut. Der Anspruch auf diese Erfahrung von Intimität an die Paarbeziehung, und zwar auf die Länge ihrer Dauer, ist heute sehr hoch. Die Partner wollen sich die nächsten Vertrauten sein. Das ist geschichtlich gesehen relativ neu und eine kulturelle Besonderheit unserer westlichen Gesellschaft. Zu anderen Zeiten und in anderen Kulturen war und ist die Nähe zur eigenen Verwandtschaft, zu den Eltern, zu den Geschwistern, auch die Nähe zu gleichgeschlechtlichen Freundinnen und Freunden der Partner mindestens ebenso wichtig oder sogar wichtiger. Die Distanz zwischen den Ehepartnern kann hier sogar größer sein als zu den genannten Personen, ohne dass dies als störend oder unpassend empfunden wird. In unserer Zeit und Gesellschaft, in der immer mehr auf die Funktion geschaut wird, die ein Mensch – zum Beispiel an seinem Arbeitsplatz – zu erfüllen hat, und immer weniger auf ihn als Person, wird die Paarbeziehung immer mehr zum ersehnten einzigen Ort persönlicher Nähe (Retzer 2002).

Wer der Meinung ist, dass das die Paarbeziehung überfordert, mag durchaus richtig liegen, und es ist ein wichtiger Aspekt heutiger Beziehungskultur, dem gegenzusteuern und für ein vielfältiges Netzwerk persönlicher Beziehungen über die Paarbeziehung hinaus zu sorgen (Jellouschek 2002a). Allerdings können wir uns diesem Anspruch dennoch nicht ganz entziehen. Wir sind heutzutage, wenn Intimität in der Paarbeziehung fehlt, damit unzufriedener als frühere Generationen. Das können wir nicht einfach »abstellen«. Dabei scheinen aber viele Paare der Meinung zu sein, dieses Gefühl müsse eben einfach da sein. In der Phase der Verliebtheit war es ja auch da, es hat uns gleichsam überfallen: »Wir waren einander so vertraut, als ob wir uns schon hundert Jahren kennen würden.« Was wir dabei nicht beachten: Auch hier gilt der Satz von J. Gottman (2000), dass eine Beziehung von selber schlechter wird. Intimität bleibt nicht »von selber« erhalten. Von selber geht sie verloren. Wir müssen etwas tun dafür, dass sie erhalten bleibt, vielleicht sich sogar vertieft.

Das ist nämlich die Chance, die sich hier eröffnet: Die Vertrautheit, die wir in der Verliebtheit erleben, ist meist eine ausschnitthafte. Sie bezieht sich auf Seiten unserer Persönlichkeit, die in dieser Zeit besonders im Vordergrund stehen. Umfassende Vertrautheit, Intimität kann aber erst entstehen, wenn wir den anderen tiefer, umfassender kennen lernen, als es in der Verliebtheitsphase möglich ist.

Das hießt, wenn es uns gelingt, für Intimität auch über die Jahre des Zusammenlebens zu sorgen, erhalten wir sie nicht nur, wir sorgen dafür, dass sie sich vertieft, dass sie umfassender wird und uns mit noch tieferem Glück erfüllt.

Hindernisse

Dies zu erreichen ist aber nicht einfach. Dem hohen Anspruch an Intimität steht heute eine Lebensssituation vieler Paare entgegen, die Intimität verhindert oder sie leicht verloren gehen lässt.
- Unser *Leben ist äußerst komplex* geworden. Die frühere Rollenaufteilung – er der Arbeitsmann und sie die Familienfrau – gibt es nicht mehr: Sie will auch berufstätig bleiben oder, wenn Kinder kommen, möglichst bald wieder werden, und er will sich auch für die Kinder engagieren – jedenfalls wollen das junge Väter in Deutschland in wachsender Zahl (Fthenakis 2002). Beide Berufe verlangen aber den ganzen Einsatz, weil unsere Arbeitswelt und Gesellschaft implizit und gegen alle anderslautenden Beteuerungen den hundertprozentig verfügbaren Single oder den ebenso hundertprozentig verfügbaren Mann voraussetzt, der eine Frau zuhause hat, die für alles übrige sorgt. Dazu kommt, dass durch Rationalisierungsmaßnahmen für sehr viele das Arbeitsmaß, das man von ihnen zu bewältigen erwartet, immer größer wird. Die Forderung nach solcher nahezu unbegrenzter Flexibilität bedingt zudem lange Anfahrtswege, Wochenendehen oder Umzüge der Familie, durch die sie immer wieder aus ihren Lebensbezügen herausgerissen wird – mit all den Stressfaktoren für die Beziehung, die das mit sich bringt.
- Zu all dieser Belastung kommt, dass heutige Paare, wenn sie *Kinder* haben, diese keinesfalls »so nebenher laufen« lassen wollen. Kinder zu haben ist heute kein Schicksal mehr, sondern eine Sache der freien, bewussten Entscheidung. Wenn man sich also schon welche anschafft, sind

sie auch besonders wichtig, und will man sie auch besonders gut erziehen. Hier eröffnen sich tausend Möglichkeiten schier unbegrenzten Engagements, die Kinder vorschulisch, schulisch und außerschulisch zu fördern, was Zeit, Überlegung und Einsatz der Eltern, vor allem der Mütter, kostet. Dazu kommt, was uns erst in allerletzter Zeit langsam ins Bewusstsein kommt, dass speziell in Deutschland eine *überzogene Mutter- und Familien-Ideologie* (Gesterkamp 2002, S. 123 ff.) weit verbreitet ist. Die Familie wird tendenziell vierundzwanzig Stunden am Tag als der einzige oder mindestens weitaus beste Ort angesehen, an dem Kinder gut aufwachsen können und keinen seelischen Schaden leiden. Weil deshalb jemand von der Familie da sein muss, trifft das in erster Linie die Frauen, die diesem Anspruch gerecht werden sollen. Das bedingt entweder eine totale Überlastung, wenn sie auch noch berufstätig sind, oder ein Auseinanderdriften der Familienwelt der Frau und der Arbeitswelt des Mannes, wenn die Frau ganz zuhause bleibt.

Die Folge aus beidem ist, dass es vor allem in Familien mit noch nicht erwachsenen Kindern ständig schrecklich viel zu tun, zu organisieren, zu planen und abzuarbeiten gibt. Immer müssen irgendwelche Angelegenheiten erledigt, Ziele erreicht, Pflichten erfüllt werden. Das füllt die Zeit der Partner aus. Sich selber verlieren sie dabei mehr und mehr aus dem Blick. Sie funktionieren, wenn es gut geht, dann als kooperatives Arbeitsteam. Das ist schon eine sehr gute Leistung. Im noch besseren Fall kommen sie als Eltern ihrer Kinder gut miteinander klar, akzeptieren und schätzen sich gegeneitig als Vater und Mutter. Aber existieren sie noch als Paar?

- Als *Eltern*paar – kann sein, dass sie sogar sehr gut funktionieren. Aber hier kommt gerade eine weitere Gefahr hinzu: Wenn sie Eltern geworden sind, kann es leicht geschehen, dass *der Mann in der Frau mehr und mehr die*

Mutter, die Frau im Mann mehr und mehr den Vater sieht. Früher haben sie sich dann mit »Mama« und »Papa« anzureden begonnen. Dass die meisten das heute vermeiden, ist ein gutes Zeichen, verhindert aber nicht immer, dass in ihrer persönlichen Beziehung das Mama-Sein und Papa-Sein in den Vordergrund tritt. Zweifellos bedeutet auch das eine gewisse Intimität. Aber reicht diese Art von Intimität aus für das, was sich die beiden als Mann und Frau voneinander wünschen? Oft driften sie dabei unbemerkt als Paar immer weiter auseinander.

- Zu all dem sorgt der Alltag für einen *fortschreitenden Prozess der Gewöhnung*. Das ist an sich nichts Negatives. Vielmehr ist Routine zweifellos gut und nötig, sie spart Zeit und Energie. Gewohnte Abläufe schaffen auch Sicherheit und Orientierung. Es geht gar nicht ohne diese. Allerdings ist darin eine große Gefahr enthalten. Der Partner gerät als Gegenüber aus dem Blick. Man gewöhnt sich an ihn wie an ein Möbelstück in der Wohnung. Das heißt: Man ist in gewissem Sinn mit ihm zwar sehr vertraut. Er gehört zum eigenen Leben »selbstverständlich« dazu. Aber er wird so selbstverständlich, dass man ihn nur noch wie ein zum Alltag gehörendes Möbelstück wahrnimmt, aber nicht mehr als eigenständige Person. In dem Sinn wird er als »anderer« eher immer unvertrauter. Man sieht in ihm nur noch, was man sehen will und was man aus der Erinnerung von ihm kennt. Was sich sonst noch in ihm tut, die Entwicklungen, die er vielleicht macht, die Interessen, die er neuerdings entwickelt hat, die Sorgen, die ihn umtreiben, bekommt man gar nicht mit. Der Partner wird immer mehr zum »intimate stranger«, zum »vertrauten Fremden«. Eine lebendige Beziehung bleibt dabei auf der Strecke.

Dieser – meist schleichende – Verlust der Mann-Frau-Intimität widerspricht aber wie gesagt diametral dem heutigen Anspruch der Partner. Denn das wollen und suchen sie beide in der individualisierten Welt von heute, in der es an persönlichen Bezügen immer mehr Mangel gibt: Jemanden zu haben, mit dem sie wirklich intim, dem sie nahe sind und sein können.

Räume für Intimität schaffen

Um diesem zentralen Bedürfnis der Partnerschaft Rechnung zu tragen, sind wir immer mehr auf unsere eigene Initiative und Kreativität angewiesen. Wir müssen uns die Räume für die Pflege der Intimität selber schaffen. Die Gefahr ist sonst sehr groß, dass wir unter die Räder der Pflicht und der Gewohnheit geraten. Das war früher anders. Da gab es vorgegebene Freiräume: den Feierabend, die Sonntage und die religiösen Feiertage, an denen »knechtliche Arbeit« verboten war. Nicht dass diese Zeiten immer für die Intimität genutzt worden wären. Aber sie haben jedenfalls dafür gesorgt, dass die Menschen nicht ganz von Arbeit und Pflichterfüllung aufgefressen wurden. Im Zeitalter der flexiblen Arbeitszeiten, der verlängerten Öffnungszeiten, der Wochenendarbeit und der Abschaffung von Feiertagen im Interesse des Wirtschaftswachstums können wir spielend 24 Stunden am Tag »rödeln«, ohne dass uns jemand von außen eine Grenze setzt. So beginnen wir als Mann und Frau immer öfter und länger nebeneinanderher zu laufen, den Blick auf die nächste Pflicht und das nächste Ziel gerichtet, und immer seltener kommt es vor, dass wir uns gegenüberstehen und in die Augen schauen. Damit es diese Möglichkeit wieder gibt, müssen wir selber Räume dafür schaffen, Räume der Intimität. Was das konkret heißt, möchte ich im Folgenden erläutern.

- Planung und Verbindlichkeit
Zunächst: Solche Räume eröffnen sich nicht von selber. In der Phase der Verliebtheit war das anders: Da mussten wir bewusst dafür sorgen, unsere Pflichten nicht zu vernachlässigen. Weil eben die Gefühle so stark waren, dass sie uns »zwangen«, Räume für Intimität zu finden. Das Drängen der Verliebtheitsgefühle machte uns höchst einfallsreich, Zeit herauszuschlagen, die wir mit dem anderen verbringen konnten. Damit auf die weitere Dauer einer Beziehung zu rechnen ist aber unrealistisch. Auch wenn wir in tiefer Zuneigung miteinander verbunden sind, drängt sich dieses Gefühl gegenüber allem, was wir sonst noch zu erledigen haben, nicht mehr in dieser Dringlichkeit auf. Wir müssen es pflegen und gut dafür sorgen. Zum Beispiel dadurch, dass wir Räume und Zeiten dafür in unseren Tages- und Wochenablauf ausdrücklich und verbindlich einplanen.

Manche Paare richten es sich so ein, dass sie am Tag eine gemeinsame Mahlzeit haben – vielleicht sogar ohne die Kinder, weil die schon in der Schule oder noch nicht aufgestanden sind oder weil die beiden zum Beispiel einen gemeinsamen Tee nach der Arbeit miteinander einnehmen, wozu die Kinder keinen Zutritt haben. Andere Paare sorgen dafür, dass es jedenfalls in gewissen Abständen gemeinsame Zeiten nur für sich, ohne Verpflichtungen und ohne Kinder gibt: ein Ausgehabend in der Woche oder im Monat, ein monatliches gemeinsames Wochenende, oder wenigstens einen gesicherten »Beziehungstag« in bestimmten Zeitabständen oder auch einen Teil ihres Urlaubs, den sie als Paar ohne die Kinder verbringen.

So etwas ergibt sich nicht »von selbst«. Je länger man nicht mehr dafür gesorgt hat, umso ausdrücklicher muss man es vorausplanen und in den Terminkalender eintragen – mit derselben Verbindlichkeit wie Geschäfts-, Arzt-

oder Kinder-Termine. Und es beginnt damit, dass man zu Wochen- oder Monatsbeginn Zeiten festlegt, in denen man – mit dem Terminkalender in der Hand – diese Planung vornimmt. Was beide dabei tunlichst vermeiden sollten: Dass es immer ein und derselbe Partner ist, der dies anmahnt und in Gang setzt. Solche Einseitigkeit vermittelt ihm allmählich den Eindruck, es sei nur *sein* Interesse und er würde dem anderen, der sich offenbar gar nicht dafür interessiert, damit nur hinterherlaufen.

Verbindlichkeit und Wechselseitigkeit erreichen wir allerdings nur, wenn wir ganz bewusst und ausdrücklich dem Anliegen der Intimität in der Paarbeziehung in unserem Leben eine *hohe Priorität* eingeräumt haben. Diesen Akzent bewusst und ausdrücklich miteinander zu setzen, könnte sehr dabei helfen, dass dieses Anliegen in der Beziehung lebendig bleibt.

- Die Zeit mit Wertvollem verbringen

Sich Raum schaffen ist eine wesentliche Voraussetzung für Intimität, ermöglicht sie aber noch nicht automatisch. Gerade wenn wir uns einige Zeit schon etwas aus den Augen verloren haben, kann das in uns einen wahren »horror vacui« hervorrufen, einen Schrecken vor der Leere, die sich dann vielleicht zwischen uns auftut, wenn wir plötzlich Zeit miteinander haben.

Darum kann es nötig sein, diese Räume zu gestalten. Es geht dabei nicht um Hochgestochenes. Manche Paare haben sosehr das Bedürfnis, in dieser Zeit endlich mal wieder ein persönliches Wort miteinander zu reden, dass sie keine besonderen Vorhaben brauchen, damit Wertvolles zwischen ihnen entsteht. Aber manchmal reicht es nicht aus, sich darauf zu verlassen. Man ist vielleicht zu müde und ausgelaugt, einfach so aufeinander zuzugehen und lebendig beieinander zu sein. Darum kann es wichtig werden, sich gemeinsame Erlebnisse zu verschaffen, die den persönlichen Kontakt inspirieren und anregen. Ein Buch, das man »in Fortsetzungen« einander vorliest, Musik, die man miteinander macht oder hört, Filme, Theaterstücke, Vorträge, die man miteinander besucht, oder auch gemeinsame Aktivitäten wie Wandern, Sport, Hobbys: Alles, von dem wir die Erfahrung gemacht haben, dass es uns wieder in jenen »intimen« Kontakt bringt, den wir uns wünschen. Jedes Paar sollte über ein gewisses Repertoire solcher Dinge verfügen, von denen die Partner wissen, dass sie sie gerne miteinander tun, und die Gemeinsamkeit zwischen ihnen entstehen lassen.

Häufig ist hier ein *Unterschied zwischen Frauen und Männern* festzustellen. Frauen haben in der Regel ein größeres Bedürfnis, dass in solchen Zeiten auch gemeinsame Gespräche geführt werden. Der verbale Kontakt bedeutet ihnen in der Regel mehr als den Männern. Männern genügt für das Näheerlebnis öfter schon das gemeinsame Tun. Diesen Unterschied, so er denn tatsächlich bei dem einzelnen Paar vorhanden ist, gilt es zu berücksichtigen. Jeder der beiden sollte mit seinem Bedürfnis auf seine Rechnung kommen, ohne dass das Bedürfnis des anderen unberücksichtigt bleibt oder gar als »weniger wert« heruntergemacht wird.

- Vernetzung

Sicherlich gibt es im Laufe einer Paarbeziehung Phasen, in denen die Pflege der Intimität in dem beschriebenen Sinn stärker in den Hintergrund treten muss, weil die Anforderungen von außen einfach so groß geworden sind und abgearbeitet werden müssen. Solche Notwendigkeiten sollten dann aber ausdrücklich vom Paar erörtert werden. Man sollte darin Übereinkunft erzielen, dass dies jetzt halt eine solche Zeit ist, wie lange diese Zeit maximal dauern wird, in der die Paarbeziehung im Einverständnis beider etwas zu kurz kommt, und ab wann man es wieder anders machen wird. Dabei sollte das Paar allerdings darauf achten, dass es sich nicht zu viel zumutet.

Die Intimität einer Paarbeziehung braucht Pflege. Wenn man dies zu lange nicht beachtet, wird die Beziehung verwildern. Um das zu verhindern, brauchen Paare oft auch *Hilfen von außen.*

Ob das nun die Tagesmutter, der Babysitter, ein Opa oder eine Oma ist, oder ob man sich mit anderen Paaren in ähnlicher Lage abgesprochen hat, wechselseitig beispielsweise die Kinder zu übernehmen: Immer sollte beim Einsatz dieser Hilfen auch das Anliegen, als Paar füreinander Zeit zu haben, als wichtiges und berechtigtes anerkannt sein – und nicht nur berufliche oder andere »Verpflichtungen«. Paare müssen nicht alles alleine schaffen, sie brauchen die Vernetzung mit unterstützenden Systemen. Geld, das dafür zusätzlich aufgebracht werden muss, ist gut investiert, auch wenn es dann anderswo vielleicht fehlt, denn es dient der Sicherung der Zukunft der Paarbeziehung.

Räume und Zeiten für sexuelle Intimität

Ich habe bewusst bisher nicht von der spezifischen körperlichen Intimität der Sexualität gesprochen. Der Grund ist der, dass in der Regel in einer auf Dauer angelegten Beziehung Sexualität nicht lebendig bleiben kann oder sexuelle Intimität jedenfalls verloren geht, wenn sie nicht *eingebettet ist in die umfassende Intimtität*, in die personale lebendige Nähe der beiden zueinander, von der wir bisher gesprochen haben. In gewisser Weise haben es Männer da manchmal leichter als Frauen. Das Bedürfnis nach Sexualität meldet sich bei ihnen häufig lauter und auch etwas unabhängiger davon, ob gerade ein lebendiger Kontakt zu ihrer Partnerin besteht oder nicht. Sie bekommen dadurch ein deutliches Signal: Es wäre wieder einmal an der Zeit, dem anderen nahezukommen! Frauen haben dabei allerdings oft das Poblem, dass ihnen das dann zu abrupt kommt und dass sie mehr von Intimität generell brauchen, um auf Sexualität Lust zu bekommen.

Diese Unterschiedlichkeit nun ist die Quelle vieler Konflikte in Langzeitbeziehungen. Frauen tendieren dann leicht zu der diffamierenden Aussage: »Männer wollen immer nur das eine!« – und Männer regen sich häufig über diese »komplizierten« Frauen auf, denen man es eh nicht recht machen kann. Dabei könnte diese unterschiedliche Tendenz auch kooperativ genutzt werden: Der Mann sorgt dafür, dass »es« immer wieder mal stattfindet, und von der Frau kommt der Anstoß, es so in das Zusammenleben einzubetten, dass der sexuelle Vollzug auch eine intime Begegnung wird, und beide nehmen diesen Impuls vom anderen auf und lassen sich darauf ein.

Das Hauptproblem bei der Sexualität scheint heute bei Paaren in verbindlicher Lebensgemeinschaft zu sein, dass es *zu sexueller Begegnung immer seltener kommt*, beide dadurch einen Mangel empfinden, aber dennoch den Weg zueinander immer seltener finden. Das hat sicherlich mehrere Ursachen. Aber ein Grund ist zweifellos: Sie nehmen sich keine oder zu wenig Zeit dazu. Auch Sexualität findet nicht »von selber« statt. Auch für die sexuelle Beziehung gilt: Man muss sie pflegen. Die Leidenschaft des Anfangs schafft sich selber Räume und Zeiten. Wenn sie sich im Laufe der Jahre nicht mehr in solcher Dringlichkeit meldet, heißt das noch lange nicht, dass es mit lebendiger und lustvoller Sexualität jetzt eben vorbei ist. Freilich muss man dafür sorgen, dass sie Raum bekommt. Die Gefahr besteht sonst auch hier, dass alles andere, was erledigt werden muss, immer wieder wichtiger ist und somit einen höheren Stellenwert bekommt.

Damit meine ich konkret: Es ist keineswegs ein schlechtes Zeichen für die erotische Beziehung eines Paares, wenn auch dafür vom Paar regelmäßig und ausreichend Zeiträume eingeplant werden. Das Bedürfnis nach Sexualität miteinander überwältigt in der Dauerbeziehung das Paar vielleicht nicht mehr. Aber wenn sie sich dafür genügend Zeit und einen geschützten Raum schaffen, können sie es sehr genießen und finden es sehr befriedigend. Es ist einfach ein Mythos, befriedigende Sexualität ausschließlich mit dem Reiz des Neuen und Unbekannten zu verknüpfen. Sicherlich übt das Neue, Andere, noch nicht Gekannte auch in der Sexualität seinen besonderen Reiz aus. Das heißt aber nicht, dass Sexualität in einer Dauerbeziehung und mit dem altbekannten Partner mit Notwendigkeit langweilig werden müsste. An die Stelle des Neuheitsreizes muss hier die liebevolle Pflege treten, und ein wesentlicher Teil davon ist, sich gesicherte (und das heißt oft ausdrücklich eingeplante), geschützte und ausreichende Zeit dafür zu nehmen (Jellouschek 2004, S. 81–92).

Es ist nicht so, dass nur das Überaschende, Neue und spontan Überwältigende intensive Sexualität ermöglichen würde. Ich höre immer wieder von Frauen, mehr und mehr aber auch von Männern, dass sie gerade die vertraute Atmosphäre, die Geborgenheit und Nähe zum Partner gebraucht haben, um Sexualität tiefer, umfassender und ganzheitlicher zu erleben. Auch sagen sie, dass es nötig war, eine längere Entwicklungszeit zu haben, um ihre sexuellen Möglichkeiten ganz zu entdecken und auszuschöpfen. Dass Sexualität nur bei immerwährender Abwechslung lebendig zu bleiben vermöchte, ist meiner Erfahrung nach schlichter Unsinn.

Freilich: Die Gewöhnung, die »Möbelstück-Vertrautheit«, von der wir gesprochen haben, ist tatsächlich ein Lust-Killer ersten Ranges. Wenn die Partner sich als alles mögliche sehen, als Arbeitsteam, als Familienorganisatoren, nur noch als Vater oder Mutter, nicht aber mehr als Mann und Frau, dann verlieren sie natürlich auch ihre sexuelle Attraktivität füreinander. Das heißt mit anderen Worten: Die Räume und

Zeiten für die Pflege der sexuellen Beziehung sind das eine. Das andere, das dazukommen muss, ist, dafür zu sorgen, dass die Partner einander ein lebendiges »Gegenüber« bleiben. Hier spielt die *Entwicklung der eigenen Persönlichkeit* eine große Rolle. Partner, die nur noch »funktionieren«, sind in der Gefahr, sich als autonome Individuen zu verlieren. Es geht darum, Eigenständigkeit als Frau und Mann zu bewahren, auszuformen oder wiederzugewinnen; Eigenständigkeit im Sinn eines eigenen Profils mit eigenen Ansichten, ausgeprägten Interessen, eigenen, bewussten Lebenseinstellungen, eigenständigen Kontakten. Dadurch sorgt der Einzelne dafür, für den Partner »interessant« zu bleiben. Das kann dann die Sexualität auch mit ein und demselben Partner immer wieder neu inspirieren.

Einwände

Was hier vorgeschlagen wird, klingt allzu sehr nach Strategie und Planung. Wenn jetzt auch sogar die Sexualität noch geplant werden soll, wo bleibt da überhaupt noch ein wenig Spontaneität im Leben?

Ich habe überhaupt nichts gegen Spontaneität in der Beziehung. Auch in der Sexualität sollen sich Paare, wann und wie immer sie das wollen, ihrer spontanen Lust überlassen. Die Erfahrung zeigt allerdings: Wenn sie sich allein auf die Spontaneität verlassen, findet in dieser Hinsicht bald gar nichts mehr statt. Denn was sie dann spontan machen, ist meist Arbeiten, Pflichten erfüllen, Kinder versorgen und dergleichen mehr. Sich bewusst Räume für Intimität und Sexualität zu schaffen, das soll nicht Spontaneität verhindern, es soll eine Gegenstrategie gegen den alles verschlingenden Alltag sein.

Aus der Verhaltensbiologie wissen wir, dass sexuelle Lust »das Fremde« braucht. Familiäre Nähe bringt Vertrautheit, aber die Lust wird durch sie blockiert (Bischof 1991). Muss es also in einer länger dauernden vertrauten Beziehung nicht mit Notwendigkeit zum Verlust der sexuellen Lust kommen?

Mit einem Menschen mehr und mehr vertraut zu werden, heißt zugleich, ihn immer tiefer in seiner Individualität und besonderen Eigenart zu erfassen. Damit beginnt aber eine »never ending story«. Das ist der wesentliche Unterschied zu einem Tier, das man nach einiger Zeit »durch und durch« kennt, weil sein Verhalten viel stärker als das eines Menschen nach genetischen Programmen abläuft. Wenn wir uns dagegen auf einen Menschen einlassen, erschließen sich uns immer wieder neue Seiten an ihm, oder wir sehen Altes und Vertrautes in einem neuen Licht, weil wir tiefere Zusammenhänge zu verstehen beginnen. Beim Menschen schließen sich Vertraut-Werden und Immer-wieder-Neues-Entdecken nicht aus, jedenfalls dann nicht, wenn dieser Mensch um einen eigenen Individuationsprozess bemüht bleibt. Wenn wir meinen, den anderen »durch und durch« zu kennen, dann sind wir wahrscheinlich nicht sehr tief in seine Welt eingedrungen. Diese oberflächliche Vertrautheit kann freilich sehr wohl zu sexueller Lustlosigkeit beitragen, weil es sich dabei um jene »Möbelstück-Vertrautheit« handelt, die echtes Interesse am anderen erstickt. Wenn wir uns aber entschließen, uns tatsächlich auf den weiten Weg zum anderen zu machen, bleibt genügend »Fremdes« an ihm, um unsere Lust auf ihn immer wieder wachzurufen.

Intimität verlangt doch Offenheit voreinander. Darf ich dann keine Geheimnisse mehr vor dem Partner/der Partnerin haben? Aber kann das dann nicht auch sehr destruktiv werden in einer Beziehung – wenn der andere »alles« von mir weiß?

Keine Angst, der andere wird nie alles von mir wissen!

Weiß ich denn »alles« von mir selber? Wenn ich in meiner Lebensführung nicht erstarre, bleibe ich immer auch auf einer Entdeckungsreise zu mir selbst, in einem ständig nach vorne offenen Prozess. Ich kann dem anderen gar nicht »alles« von mir mitteilen, und ich werde nie »alles« vom anderen wissen. Aber es gibt einer Beziehung eine ganz besondere Note, wenn wir vieles voneinander wissen und kennen, was nur wir wissen und kennen – und niemand anderer. Das verbindet auf eine besondere Weise, und darum ist auch sexuelle Ausschließlichkeit zwischen den Partnern von so großer Bedeutung: Da ist ein Bereich, den nur wir miteinander teilen!

Außerdem haben wir ein sicheres Gespür dafür, was der andere von uns erfahren und kennen sollte, damit es nicht zwischen uns steht, sondern uns tiefer verbindet, und was wir doch auch besser für uns behalten sollen, jedenfallls vorübergehend oder aber auch für immer, um den anderen nicht unnötig zu ängstigen, zu sehr zu irritieren oder vor den Kopf zu stoßen. Der eine wird beispielsweise von einem anstehenden Gespräch, in dem sich viel für ihn zum Positiven oder Negativen entscheiden wird, seinem Partner nichts erzählen, bis es stattgefunden hat, weil er ihn vorab nicht unnötig ängstigen will, der andere wird gerade darüber mit seinem Partner sprechen, weil es dem Paar wichtig ist, auch in der Unsicherheit Bangen und Hoffen zu teilen. Wo hier die Grenze ist zwischen Offenheit, die Intimität zerstört, und Offenheit, die nötig ist für Intimität, das lässt sich nur im Einzelfall erspüren und entscheiden.

Auch wenn man sexuelle Lebendigkeit durch alles, was oben gesagt wurde, fördern kann, ist es doch eine Tatsache, dass sie sich in vielen Langzeitbeziehungen verabschiedet. Tatsache ist auch, wenn einer von beiden oder beide dann Abwechslung suchen und fremdgehen, ist plötzlich die Leidenschaft wieder da wie am ersten Tag. Warum soll man sich dann in der Dauerbeziehung dermaßen abquälen? Viele vereinbaren dann zum Beispiel sexuelle Freizügigkeit, gestehen sich – in bestimmten Grenzen – sexuelle Abenteuer zu, gehen in Swingerclubs und so weiter. Wenn das auf gegenseitiger Vereinbarung beruht, gibt es keine Geheimniskrämerei, keine Lügen, keine Benachteiligung... Warum soll das nicht gehen, warum sollte das nicht sogar zuträglich sein?

Die Antwort, die ich darauf gebe, beruht auf den Erfahrungen mit Paaren, die einen solchen Weg gegangen sind. Ihre Zahl ist daher sicher nicht repräsentativ, und es mag sein, dass es anderen Paaren ganz anders ergeht. Mit dieser Einschränkung zwei Anmerkungen dazu:

Erstens ist zu überprüfen, ob solche Vereinbarungen wirklich auf Gegenseitigkeit beruhen. Oft drängt einer, meist der Mann, dazu, und der andere, meist die Frau, gibt nach, um nicht heimliches Fremdgehen seinerseits zu riskieren. Wenn sie es aber nur »seinetwegen« tut, ist dies eine Art Selbst-Vergewaltigung, die sich auf die Beziehung destruktiv auswirken muss.

Zweitens: Vor allem der »Nachgebende«, aber manchmal auch beide, empfinden die sexuellen Ausflüge des anderen trotz Vereinbarung und Wechselseitigkeit nicht selten dennoch als tiefe Verletzung. Eine Liebe, die in eine sexuelle Begegnung gemündet ist, stiftet durch diese einen besonderen Bereich seelisch-körperlicher Intimität. Die sexuelle Begegnung auch mit anderen zuzulassen wird darum häufig als eine schwere Verletzung dieses Raumes erlebt. Ich glaube, dass dies viele Menschen empfinden, wenn sie es auch nicht offen zugeben, und ich glaube nicht, dass es sich bei diesem Empfinden nur um Gewissensbisse aus einer rückständigen christlichen Sexualmoral handelt. Vielmehr scheint es mir gerade hier wiederum um das Bedürfnis zu gehen, in der Liebe für den anderen der/die Einzige zu sein. Gerade wir Menschen der heutigen Zeit, die so sehr darauf bestehen, dass die Partnerliebe eine personale, ganzheitliche und tiefe Beziehung stiften soll, empfinden so – trotz aller Liberalität, die wir zur Schau stellen und mit der wir uns in diesem Punkt häufig vergewaltigen, weil sie unserem wahren Empfinden widerspricht.

Hinweise

1. Beim Verlust von Intimität in einer Paarbeziehung ist es ähnlich wie beim Überhandnehmen von Negativität: Es entsteht leicht ein sich selbst verstärkender destruktiver Kreislauf, und zwar auf folgende Art: Wir haben uns als Paar etwas aus den Augen verloren. Wir gucken eher aneinander vorbei als einander an. Plötzlich steht ein Abend vor der Tür, an dem wir ganz allein sein werden, weil es da keinen Termin gibt und die Kinder bei der Oma sind. Was werden wir da miteinander anfangen? Was wird passieren, wenn wir uns jetzt plötzlich ganz allein gegenüberstehen? Ohne dass wir uns das so deutlich machen, erschreckt uns diese Vorstellung. Also fällt uns sogleich etwas ein, was wir an diesem Abend doch noch zu erledigen haben... Zu einer wirklichen Begegnung kommt es deshalb wieder nicht. Eine Gelegenheit, bei der wieder Intimität entstehen könnte, ist damit dahin. Die versäumte Gelegenheit wirkt sich aber aus: Sie macht es bei der nächsten Gelegenheit noch ein Stück schwieriger, dass etwas zustande kommt. Und so geht es weiter: Je länger nichts zustande kommt, umso schwieriger erscheint es uns, das Ruder herumzureißen. Also fangen wir an, solche Gelegenheiten gar nicht mehr entstehen zu lassen, weil wir uns immer weniger vorstellen können, was wir dann miteinander anfangen... Daraus wäre wieder einmal die Regel abzuleiten: Wehret den Anfängen! Denn sonst wird es immer schwieriger. Sorgt von Anfang an, solange das Verlangen nach Zweisamkeit in Euch noch

spürbar ist, dafür, dass es sichere und geschützte Räume und Zeiten dafür gibt!
2. Damit das gelingt, kann es eine große Hilfe sein, kleine *Alltagsrituale* einzuführen. Das heißt: Man sorgt dafür, dass bestimmte Räume und Zeiten für intime Zweisamkeit nicht immer nur von Neuem eigens festgelegt werden müssen. Man lässt sie sich wiederholen in einem bestimmten Rhythmus, einer gewissen Regelmäßigkeit und ähnlichen Abfolge. Am Beispiel eines befreundeten Paares: Die beiden gehen jede Woche an einem bestimmten Tag ins nahe Städtchen miteinander einkaufen. Ihr erstes Ziel dabei ist ein kleines Café, in dem sie immer dasselbe Frühstück bestellen. Wenn sie sich daran gütlich getan haben, wenden sie sich ihren Einkäufen zu. An bestimmten Tagen laden sie regelmäßig und in bestimmten Abfolgen ihre Freunde ein, mit denen sie dann bei anregenden Gesprächen den Abend verbringen. Im Sommer stehen jedes Jahr ein paar Tage Wanderurlaub in einem ausgedehnten Schweizer Berggebiet auf dem Programm. Anfang November machen sie auf einer bestimmten Nordsee-Insel immer eine Woche Urlaub inmitten der Herbststürme. Jedes Jahr begehen sie ihren Verliebungstag – also den Tag, an dem es bei den beiden »gefunkt« hat – indem sie sich diesen Tag freihalten und etwas Besonderes unternehmen. Alle diese Gelegenheiten müssen nicht immer wieder neu geplant werden. Man weiß, wann man was unternimmt, und die angenehmen Erinnerungen an die vergangenen Erlebnisse versetzen die beiden schon in freudige Erwartung des Kommenden und sind damit eine positive Einstimmung darauf. Damit entfliehen sie immer wieder dem Alltag, schaffen immer wieder Begegnungsmöglichkeiten und verhindern die Entstehung der erwähnten Teufelskreise.

7 Stellen Sie Gegenseitigkeit und Ausgleich her
Die Kunst der Balance in der Beziehung

Gerechtigkeit kommt vor Liebe

Schon in dem Kapitel über Verletzungen haben wir gesehen, dass zu ihrer Bewältigung in einer Beziehung immer wieder ein Ausgleich hergestellt werden muss. Denn – so war der Gedanke – durch Verletzungen entstehen »Soll-Stände« auf den »Beziehungskonten«, die ausgeglichen werden müssen, damit nicht einer zum immerwährenden Schuldner und der andere zu seinem Gläubiger wird. Oder mit einem anderen Bild ausgedrückt: Durch Verletzungen entsteht ein Oben-Unten-Gefälle zwischen den Partnern, das wieder ausbalanciert werden muss, damit diese sich erneut auf gleicher Höhe gegenüberstehen. Dies gilt generell in Beziehungen, die auf Dauer angelegt sind: Schieflagen oder Konto-Minus-Stände müssen immer wieder ausgeglichen werden. Oder ganz einfach ausgedrückt: *Es muss in einer Beziehung aufs Ganze gesehen fair zugehen*, damit die Liebe erhalten bleibt und sich erneuern kann. Wenn einer auf Dauer schlechter wegkommt als der andere, kann die größte Liebe daran kaputtgehen.

Wir sind heutzutage überzeugt von der Gleichwertigkeit von Mann und Frau. Wir plädieren für ebenbürtige Beziehungen. Dies konkret umgesetzt heißt: Immer wieder Gegenseitigkeit und Ausgleich herstellen. Denn Gleichwertigkeit ist im konkreten Leben nicht eine feststehende Tatsache, sondern ein immerwährender Prozess. Das heißt: Mann und Frau geraten immer wieder in Schieflagen. Damit wird der Grundsatz der Ebenbürtigkeit verletzt, das lässt sich im täglichen Leben gar nicht ganz vermeiden. Also müssen solche Schieflagen immer wieder ausbalanciert werden. Gleichwertigkeit, Ebenbürtigkeit sind nicht einfach gegeben, sie werden nur im Prozess real, das heißt: Sie müssen immer wieder hergestellt werden. Um diesen konkreten Prozess geht es in diesem Kapitel.

Wann beginnt es, in einer Beziehung unfair zuzugehen?

An einigen Beispielen möchte ich deutlich machen, worum es hier geht.

- Franz und Barbara sind am Anfang ihrer Ehe übereingekommen, dass sie sich die Aufgaben teilen: Sie bleibt in den ersten Jahren bei den Kindern und wird erst später wieder in ihren Beruf als MTA einsteigen. Er wird sich – indem sie ihm so den Rücken freihält – als Ingenieur in seiner Firma eine gute Position aufbauen. Damit sind beide zunächst zufrieden. Aber seit das zweite Kind da ist, sind seine Abende immer häufiger belegt – nicht durch berufliche Verpflichtungen, sondern durch Sportverein, Kegelclub und Skatrunde. Barbara fühlt sich allmählich mit den Kindern und allen Fürsorge-Aufgaben vollständig allein gelassen.

- Felix' Mutter ist ein Pflegefall geworden. Nach einigem Hin und Her einigt man sich, sie nicht ins Heim zu geben, sondern zu sich ins Haus zu nehmen. Man engagiert zwar eine Hauspflege, aber es bleibt trotzdem noch einiges zu tun – und das alles bleibt wie selbstverständlich an Beate hängen. Nach einiger Zeit erkundigt sich Felix nicht mal mehr bei ihr nach seiner Mutter, geschweige denn, dass er sich um sie kümmern würde.
- Max liebt es, nach anstrengenden Arbeitstagen und nach dem Abendessen zur Ablenkung und Entspannung mit Isolde noch etwas zu unternehmen. Aber Isolde ist dazu immer seltener bereit. Sie bleibt vor dem Fernseher hängen und ist nicht zu bewegen, ihre vier Wände zu verlassen. Wenn er noch raus will, muss er es immer allein machen.
- Rudolf fände es so schön, wenn Agnes im Sex aktiver wäre, eigene Wünsche und Impulse einbringen, manchmal von sich aus die Initiative ergreifen würde. Es ist ja in Ordnung für ihn, dass das meist seine Aufgabe ist. Aber manchmal möchte er doch so gerne, dass auch Agnes mal auf ihn zukommt. Sie haben schon oft darüber gesprochen. Aber es passiert nichts. Wenn er nicht macht und tut und sich anstrengt, läuft einfach nichts im Bett.

In allen diesen Fällen beginnt es in der Beziehung unfair zuzugehen. Immer fällt einem der Partner die Hauptlast zu, und der andere hält sich raus. Es gibt – jedenfalls in dem jeweils angesprochenen Bereich – keine Wechselseitigkeit, sondern nur Einseitigkeit. Eine solche Situation charakterisiere ich mit dem Wort »*Schieflage*«. Hier entstehen unausgeglichene Konten. Beziehungen, in denen sich Derartiges einspielt, werden auf die Dauer krisenhaft, weil einen der beiden unweigerlich das deutliche oder undeutliche Gefühl beschleicht, dass er ständig schlechter wegkommt.

Die Kunst der Balance

In solchen wie den geschilderten Fällen gelingt es Paaren nicht, innerhalb gewisser Polaritäten, die in jeder Beziehung eine Rolle spielen, einen Ausgleich zu schaffen oder – wie ich auch gerne sage – eine Balance herzustellen. Diese Polaritäten, die im Leben eines jeden Paares eine wichtige Rolle spielen, sind:

- Autonomie und Bindung: Die Polarität zwischen »Ich« und »Wir«
- Bestimmen und Sich-Anschließen: Die Polarität der Macht
- Geben und Nehmen: Die Polarität des affektiven Austausches

Partner erleben sich in der Regel in einer Beziehung dann als zufrieden, wenn beide an jeweils beiden Polaritäten Anteil haben, oder anders ausgedrückt: wenn beide sich zwischen den beiden Polen hin- und herbewegen. Problematisch wird es, wenn nur einer der beiden Pole im Leben des Paares vorkommt und die Partner sich gleichsam *an einem Pol »fixieren«,* zum Beispiel am Pol des »Wir«, indem sie nach dem Motto leben »Alles gemeinsam« und »Immer miteinander«, der andere Pol aber, das »Ich«, die eigene Welt, der eigene Raum, die Individualität des Einzelnen vernachlässigt wird. Ebenso problematisch wird es – und von diesem Fall spreche ich in unserem Zusammenhang hauptsächlich –, wenn sich *die Partner »polarisieren«,* das heißt, der eine sich ausschließlich auf dem einen, der andere auf dem anderen Pol bewegt. Dies ist auf jeweils unterschiedliche Weise in unseren Beispielen der Fall:

Franz lebt einseitig den Pol der Autonomie, Barbara gerät dadurch immer mehr auf den Pol der Bindung. Er sorgt für die Interessen seines Ich, sie dafür umso mehr für die Interessen des Wir, indem sie alle Fürsorgeaufgaben für ihn, die

Kinder und den Haushalt übernimmt. Max wiederum, will er Gemeinsamkeit mit Isolde haben, muss sich immer ihr anschließen. Sie bestimmt, wie Gemeinsamkeit im Alltag stattzufinden hat. In diesem Punkt polarisieren sich die beiden: Sie, die Bestimmende, er derjenige, der sich immer anschließen muss und seine Vorstellungen nicht verwirklichen kann. Bei Felix und Beate und mit umgekehrten Rollen bei Rudolf und Agnes geht es schließlich um die Polarität des Gebens und Nehmens. Immer nur einer von beiden gibt, der andere profitiert davon, er nimmt und nimmt – aber gibt von seiner Seite in den Bereichen, um die es hier geht, nämlich Pflege der Mutter beziehungsweise Aktivität im Sex, nichts in die Beziehung hinein.

Wenn das über längere Zeit so geht, und das nicht nur in einem begrenzten und nebensächlichen Bereich, sondern in weiten Teilen der Beziehung und in zentralen Themen, bekommt einer der Partner auf die Dauer das Gefühl, *ausgebeutet zu werden*. Der andere lebt auf seine Kosten. Aber auch er wird dabei meist nicht glücklich. Denn beide Seiten der jeweiligen Polarität gehören zu unserem Leben: Wir wollen autonom *und* sicher gebunden sein, wir wollen bestimmen in einer Beziehung, aber *auch* manchmal die Verantwortung abgeben können und den anderen entscheiden und die Führung übernehmen lassen, und wir wollen mal die Nehmenden, aber *auch* mal die Gebenden sein. Das gehört zu einem ganzheitlichen Leben dazu. Wenn der jeweils andere Pol in unserem Leben fehlt, empfinden wir uns auf die Dauer als schmalspurig und eingeengt.

Und: Wir beginnen das *dem anderen übel zu nehmen*. Auch hier spielen sich sehr leicht wieder ähnliche, sich selbst verstärkende Teufelskreise ein, die uns schon mehrmals begegnet sind: Wenn der eine ausschließlich den einen Pol besetzt, ergibt sich für den anderen ein Sog zum anderen hin, und das wiederum verstärkt die Tendenz des einen, seinen Pol noch ausschließlicher zu besetzen. Wenn Franz nur für sich sorgt, »muss« Barbara« es für alle übrigen tun, und dadurch »braucht« Franz immer weniger zuhause zu sein, wodurch umso ausschließlicher alle häuslichen Aufgaben an ihr hängen bleiben und so weiter. Wenn Isolde nur bestimmt, »muss« Max sich anpassen – oder er riskiert ständige Konflikte. Wenn er die nicht will, wird Isolde zur immer ausschließlicher Bestimmenden, und er wird derjenige, der sich ihr immer mehr anpasst. Und wenn Agnes keine sexuellen Impulse in die Beziehung hineingibt, »muss« es Rudolf tun, sonst findet gar nichts mehr statt. Damit aber braucht sie sich immer weniger darum bemühen, und Rolf muss es immer mehr.

Das ist sicher kein absolutes »Muss«. Es wäre auch möglich und konstruktiver, sich diesem Sog zu entziehen. Wenn Beate beispielsweise für die Mutter von Max einfach nichts mehr täte, wäre er plötzlich stark herausgefordert, doch etwas mehr Initiative zu ergreifen. Damit könnte sie den Teufelskreis durchbrechen. Aber das ist nicht leicht. Beide fixieren sich gegenseitig auf dem einen Pol und versperren sich damit den Weg zum anderen und damit zu einer umfassenderen Entfaltung ihres menschliches Potenzials. Franz und Max lernen auf diese Weise nicht, für andere zu sorgen, Barbara und Beate nicht, auf sich selbst zu achten und sich etwas für sich zu nehmen. Damit werden solche Beziehungen »in Schieflage« zum Entwicklungshindernis für die Person des einzelnen Partners, und wenn das einem oder beiden immer mehr aufgeht, liegt die Idee, sich zu trennen, um sich aus dieser Stagnation zu befreien, nicht mehr sehr fern. Was würde es nun heißen, diese Polaritäten »auszubalancieren«?

Autonomie und Bindung

Eine Balance hinsichtlich dieser Polarität würde bedeuten: Mann und Frau fühlen sich in einer festen Bindung miteinander, jeder von beiden hat aber auch seinen individuellen Freiraum. Jeder hat *seine eigene Welt* mit eigenen Interessen, Aktivitäten und Beziehungen, sie haben aber auch eine abwechslungsreiche, lebendige und ausgedehnte *gemeinsame Welt*. Jeder von beiden versteht es, für sich selber zu sorgen, jeder der beiden kümmert sich aber auch um den anderen, um die Beziehung, die Kinder, die Verwandten und die gemeinsamen Freunde.

Dass diese Autonomie-Bindungs-Balance gelingt, dem stehen einige *Hindernisse* im Weg: Die tradierten Rollenbilder sehen für den Mann den autonomen einsamen Kämpfer und für die Frau die Beziehungsexpertin und »Hüterin des heimischen Herdes« vor. Viele von uns haben die eigenen Eltern auch noch voll mit diesen Rollen identifiziert erlebt. Sie tragen sie darum auch in sich, und so wirken sie sich im eigenen Selbstverständnis und in den Erwartungen an den Partner aus – oft ganz gegen ihr bewusstes Wollen. Darum raunzt er: »Warum steht das Essen nicht auf dem Tisch?«, wenn er heimkommt, und sie, nicht er, bleibt selbstverständlich zuhause, wenn eines der Kinder krank wird...

Auch die gesellschaftlichen und betrieblichen Erwartungen gehen nach wie vor in diese Richtung. Familienfreundliche Maßnahmen sind laut Aussagen höchster Arbeitgeber-Funktionäre bei wirtschaftlichen Schönwetterlagen recht und gut, werden aber sofort zurückgefahren, wenn sich das Klima verdüstert. Der Mann, der aufgrund verschiedenster Rationalisierungsmaßnahmen mit Aufgaben so überlastet wird, dass er zehn bis zwölf Stunden täglich im Betrieb verbringen muss, braucht dann eine Frau zuhause, die sich um Kinder und Familie kümmert. Wie soll er sich um Bindung und sie sich um ihre Autonomie kümmern können?

Unsere Geschichte, unsere internalisierten Rollenbilder und unsere gesellschaftlichen Verhältnisse stellen sich also in den Weg, wenn wir diese Balance herstellen wollen. Darum braucht es von Paaren eine große Wachheit, viel Initiative und oft auch Kreativität, um ständig entstehende Schieflagen immer wieder auszugleichen in Richtung einer wirklichen Balance. Dabei wird es ohne Kompromisse nicht immer abgehen und auch nicht ohne zeitweise Benachteiligungen des einen oder anderen. Wichtig ist, dass die Paare nicht vor dem Sog in diese Richtung kapitulieren, sondern – im Bündnis miteinander – auf dem Weg bleiben, eine erträgliche Autonomie-Bindungs-Balance immer wieder herzustellen.

Bestimmen und Sich-Anschließen

Eine ausgeglichene Balance innerhalb dieser Polarität bedeutet, dass Frau und Mann etwa zu gleichen Teilen in der Beziehung die Bestimmenden sind, und das geht ohne Machtkampf nur, wenn sie sich zu gleichen Teilen auch einander anschließen, das heißt, vom anderen bestimmen lassen. Bestimmen, das bedeutet Initiative ergreifen, Vorschläge machen, seine Meinung klar sagen und auch vertreten, Impulse geben, manchmal auch sich kraftvoll durchsetzen. Sich-Anschließen, Sich-bestimmen-Lassen heißt: auf den anderen hören, ihm zustimmen, ihm folgen, auch sich ihm anpassen.

Es geht also hier um eine *ausgeglichene Machtverteilung* zwischen Mann und Frau. Ausgeglichene Machtverteilung heißt nicht, dass beide immer zur gleichen Zeit gleich bestimmen können müssten. Dieser Anspruch führt lediglich zu dauernden Machtrangeleien. Zuweilen können Machtrangeleien in der Partnerschaft recht belebend sein. Als Dauer-Beziehungsmuster werden sie sehr strapaziös und zerstörerisch. Ein partnerschaftlicher Umgang mit der Macht bedeutet dagegen nicht Machtkampf, sondern: Bestimmen und Sich-Anschließen kann zwischen den Partnern flexibel wechseln. Mal bestimmt der Mann, und die Frau schließt sich an, mal bestimmt die Frau, und der Mann schließt sich ihr an.

Das heißt nicht unbedingt, dass jeder der Partner in jedem Bereich bestimmen können *und* sich anschließen muss. Wenn die Stereoanlage zu installieren ist, bestimmt beispielsweise der Mann, weil er sich da auskennt, und die Frau geht in die Rolle der Assistentin, die ihm zuarbeitet und sich nach seinen Anweisungen richtet. Wenn es aber darum geht, einen interessanten Roman als gemeinsame Ferienlektüre auszuwählen, bestimmt die Frau, und der Mann schließt sich ihrer Entscheidung an, weil sie sich in der Literatur viel besser auskennt. Solche Einseitigkeiten, die durch die jeweiligen Kompetenzen der Partner gegeben sind, sind keineswegs destruktiv. Allerdings ist dabei auf Zweierlei zu achten:

Erstens wird es problematisch, wenn einer der Partner in allen Bereichen als der kompetentere gilt und darum alle Bereiche dominiert. Ich sage bewusst: Als der kompetentere *gilt*. Denn meistens entspricht das nicht der Realität und wird von einem oder beiden lediglich so definiert. Hier hat der »Schwächere« die Aufgabe, zu seinen Stärken zu stehen oder sie kräftig zu entwickeln, damit er auch seine Bereiche hat, in denen er sich stark und kompetent fühlt. Denn er wird oder bleibt sonst das »Kind« in der Beziehung. Irgendwann wird er sich dafür rächen, und sei es dadurch, dass er sich der Macht der Ohnmacht bedient und den alles Dominierenden mit Passivität, Verweigerung, Krankheit oder Depression schachmatt setzt.

Zweitens kann es auch sehr problematisch werden, wenn

die Aufteilung der Kompetenzgebiete dazu führt, dass einer den anderen darauf festzulegen beginnt: Er nimmt ihr sofort den Hammer aus der Hand, wenn sie sich ihn einmal greift, um selber einen Nagel einzuschlagen. Oder sie korrigiert ihn sofort, wenn er einem der Kinder eine Anweisung gibt. Das heißt, dass in einem solchen Fall Gefahr besteht, dass die Partner ihre – oft geschlechtsspezifisch definierten – Kompetenzbereiche gegeneinander auszuspielen beginnen. Weil sie ihn bei den Kindern nicht mitreden lässt, verfügt er allein über das Geld. Weil er allein über das Geld verfügt, kontrolliert sie durch Verweigerung oder »Gunsterweise« die sexuelle Beziehung der beiden und so weiter. Auch dieser Umgang mit Bestimmen und Sich-Anschließen wird auf die Dauer destruktiv und läuft auf einen ähnlichen »symmetrischen« Machtkampf hinaus wie dann, wenn beide ständig um denselben Bereich konkurrieren.

Es hilft darum einem flexiblen und gleichwertigen Umgang mit der Macht in der Beziehung, wenn beide große Bereiche haben, in denen sie sich *gleich kompetent fühlen und im flexiblen Wechsel imstande sind, die Führung zu übernehmen oder auch sich der Führung des anderen anzuschließen*. So kann beispielsweise in einer sexuellen Begegnung mal von einem, dann wieder vom anderen ein Impuls kommen und wechselseitig aufgenommen werden. Oder in einer Diskussion macht mal der eine, mal der andere einen Einwand und bringt so das gemeinsame Gespräch voran. Oder bei der Planung eines neuen Hauses steuert mal der eine, mal der andere eine neue Idee bei. Immer ist dabei verlangt, dass ein und derselbe Partner in dem einen Moment initiativ wird und Führung übernimmt, im anderen Moment aber die Führung dem anderen überlässt und bereit ist, sich ihm anzuschließen. Dabei kann es natürlich auch immer wieder zu konkurrierenden Momenten kommen, in denen sich beide auch mal in kurze Machtkämpfe verhaken. Das muss nicht destruktiv werden, kann wie gesagt im Gegenteil auch recht belebend sein, aber nur dann, wenn sich aufs Ganze gesehen immer wieder ein flexibles Wechselspiel zwischen Bestimmen und Sich-Anschließen einspielt.

In diesem Zusammenhang spielen die so genannten *Machtressourcen* eine Rolle, über die jeder der Partner verfügt. Machtressourcen sind die Quellen, aus denen jemand seine Möglichkeit oder sein Recht schöpft zu bestimmen. Geld ist beispielsweise eine wichtige Machtressource, Kompetenz, wie wir gesehen haben, eine weitere. Physische Stärke, sexuelle Attraktivität, Kontakte zu wichtigen Bezugspersonen und dergleichen sind alles – jedenfalls auch – Machtressourcen, weil sie dem, der darüber verfügt, Einflussmöglichkeiten auf den anderen geben. Wenn jemand der Dominierende in der Beziehung ist, muss es nicht allein daran liegen, dass er sich im Verhalten dominant zeigt. Er kann seine Machtstellung in der Beziehung auch dadurch einnehmen, dass er über die Mehrheit der Machtressourcen verfügt. Bei einem Paar, mit dem ich gearbeitet habe, war die Frau die Tochter des größten Bauern am Ort. Zum Zeitpunkt ihrer Heirat war ihr Mann ihr gegenüber ein »Nichts«. Er stammt aus einer unbedeutenden Familie und hatte weder Geld noch eine abgeschlossene Ausbildung. Dann machte er Karriere und wurde nach einigen Jahren Sparkassendirektor, war Mitglied im Gemeinderat, Ortsvorsitzender der größten politischen Partei und Vorstand in mehreren Vereinen. Nun fühlte sich die Frau ihm gegenüber als Nichts, zumal die väterliche Landwirtschaft nichts mehr einbrachte und verkauft werden musste.

Um eine ausgeglichene Machtbalance in einer Beziehung sicherzustellen, lohnt es sich also auch zu fragen: *Wie steht es mit unseren Machtressourcen?* Wie sind sie unter uns Partnern verteilt? Um es an einem drastischen Fall deutlich zu machen: Eine Frau mit zwei kleinen Kindern, ohne eigene Ausbildung und eigenes Geld gegenüber einem Mann, der ein elterliches Vermögen geerbt hat und in einem angesehen Beruf arbeitet – was wird sie durchsetzen können, wenn es hart auf hart geht? Natürlich hängt die Machtbalance nicht *nur* von den zur Verfügung stehenden Machtressourcen ab. Die innere Kraft, das Selbstbewusstsein, mit dem der eine Partner dem anderen gegenübertritt, kann die ausschlaggebende Rolle bei der Machtverteilung spielen. Aber Kraft und Selbstbewusstsein beziehen wir oft gerade auch daraus, dass wir auf bestimmte Machtressourcen zurückgreifen können, oder wir fühlen uns dem anderen gegenüber schwach dadurch, dass sie uns fehlen.

Die Frage nach der Ausgeglichenheit der Machtressourcen ist also in diesem Zusammenhang von Bedeutung. Wenn es hier eine Unausgewogenheit gibt, ist danach zu fragen, wie diese ausgeglichen werden kann. Oft ist das – in gewissen Phasen des Familienlebens – kaum möglich, weil beispielsweise der Mann das ganze Geld verdient, die Frau wegen der Kinder mit ihrem Beruf pausiert und ihre außerfamiliären Kontakte zur Gänze verloren hat und so weiter. Hier ist ein »quantitativer« Ausgleich nicht möglich. Qualitativ beziehungsweise psychologisch kann er trotzdem geschaffen werden, indem man nämlich hinsichtlich der eigenen Machtquellen dem Partner *Zugang und Transsparenz* verschafft. Beispielsweise gibt der alleinverdienende Mann seiner Frau eine Kontovollmacht und informiert sie regelmäßig über sein Finanzgebaren. Und die Frau erzählt ihm regelmäßig, was den Tag über bei den Kindern gelaufen ist, wo sie gerade stehen und was sie von ihm gerade brauchen, und sie lässt es zu, dass er, wenn er mal Zeit hat, mit ihnen so umgeht, wie es seine Art ist. Jeder der Partner macht seinen Machtbereich für den anderen transparent und zugänglich, sodass dieser nicht den Eindruck hat, davon ausgeschlossen zu sein. Auch dadurch wird ein Ausgleich geschaffen, auch wenn objektiv vielleicht ein unausgeglichenes Oben-Unten-Gefälle in dem einen oder anderen Bereich bestehen bleibt.

Der faire, ausgewogene Umgang mit Macht zwischen den Partnern hat eine zentrale Bedeutung für den Erhalt oder den Verlust der Liebe. Ein Ohnmächtiger fühlt sich abgewertet und beginnt auf die Dauer den Mächtigen zu hassen. Ein dauernd Dominanter beginnt den Dominierten zu verachten. Oder auch er sammelt Wut an, weil er immer den Kopf hinhalten muss, während der andere sich vornehm zurückhält. Partnerliebe braucht darum Gleichwertigkeit vor allem im Bereich der Macht. Ein einseitig fixiertes und erstarrtes Oben-Unten-Verhältnis zwischen Mann und Frau entweder in der einen oder in der anderen Richtung ist mit der Liebe unter Gleichwertigen nicht vereinbar.

Die Bedeutung einer ausgewogenen Machtbalance für die Liebe ergibt sich auch noch aus einem anderen Grund: Wenn sich der andere von mir nie bestimmen lässt, muss ich mich fragen, was ich ihm eigentlich wert bin. Wenn ich aber die Erfahrung mache, der andere lässt sich in diesem oder jenem Punkt von mir etwas sagen, er richtet sich nach meiner Meinung, er nimmt meine Impulse auf, heißt das ja: Ich habe Einfluss auf ihn. Also bin ich ihm wichtig. Dem anderen wichtig zu sein gehört zur Liebe unmittelbar dazu, denn wenn dieses Gefühl, vom anderen geschätzt und geachtet zu werden, fehlt, kann es mit seiner Liebe zu mir nicht weit her sein.

Bei der Verwirklichung einer ausgewogenen Machtbalance stellen sich – ähnlich wie bei der Ausbalancierung von Autonomie und Bindung – auch dazu entschlossenen Paaren *Hindernisse* entgegen. Auch was Bestimmen und Sich-Anschließen angeht, favorisiert das traditionelle Rollenmodell eine eindeutige Polarisierung zwischen Mann und Frau. Der Mann bestimmt, die Frau folgt ihm. So haben viele auch die Ehen ihrer Eltern erlebt. Gestützt wurde dies durch entsprechende kirchliche Ideologien. So war noch vor wenigen Jahrzehnten in einem Werk der katholischen Sozialethik vom Mann als dem Haupt und der Frau als dem

Herzen der Familie die Rede. Gleichzeitig haben viele von uns auch die Verlogenheit dieses Modells erlebt. Nicht selten zog die Frau und Mutter im Hintergrund die Fäden und dirigierte mit raffiniert getarnten Machtstrategien den Mann, der oft »das Haupt« nur nach draußen war, aber zum kleinen Jungen wurde, wenn er nachhause kam und von der Mutter-Frau versorgt werden wollte. Wie sich das beispielsweise auf die Sexualität auwirkte, steht freilich auf einem anderen Blatt. Nicht zuletzt deshalb lehnen heute alle jüngeren Paare ein solches Modell ab. Aber ähnlich wie bei der vorher besprochenen Polarität ist es auch hier: Solche Traditionen bestimmen unsere inneren Bilder von Mann und Frau und beeinflussen unser Handeln, jedenfalls dann, wenn wir es nicht bewusst reflektieren.

Die Nachwirkungen des alten Rollenmodells in Bezug auf die Machtverteilung wirken sich dabei heute nicht selten so aus, dass Frauen die alte, (scheinbar oder tatsächlich) gefügige Frauenrolle ablehnen und deshalb oft überbesorgt sind, sich ja nicht vom Partner bestimmen zu lassen. Dieser starre Widerstand aber führt bei ihm dazu, dass er sich dadurch in die Rolle des »Softie« gedrängt fühlt, die ihn zu sehr in Widerspruch mit den Resten seines traditionellen Männlichkeitsverständnisses bringt. Daraus resultieren Macht- und Konkurrenzkämpfe, mit denen sich Paare nicht selten das Leben sehr schwer machen. Wenn man nämlich den anderen nicht dazu bekommt, sich einem anzupassen, beginnt man ihn abzuwerten, um seine starke Position zu schwächen. Das aber hat genau den gegenteiligen Effekt. Der andere muss sich erst recht aufplustern und beginnt seinerseits sein Gegenüber abzuwerten: Die Aufrüstungsspirale ist im vollen Gang. Wenn Partner einander häufig abwerten, zerstören sie die Basis ihrer Liebe, und die Beziehung wird brüchig.

Macht und Liebe stehen in einer Beziehung keineswegs im Widerspruch. Zwei sich gleich mächtig fühlende Partner, die gleichzeitig bereit sind, die Macht und Stärke des anderen auch immer wieder anzuerkennen und zu achten, werden immer wieder auch aufeinander stolz sein können, und auch das belebt die Liebe in einem nicht zu unterschätzenden Maß.

Geben und Nehmen

Die Balance hinsichtlich dieser Polarität gelingt dann, wenn jeder der beiden die Erfahrung macht: Der andere investiert etwa gleich viel in die Beziehung wie ich selber. Es geht also hier um das innere und äußere Engagement für die Beziehung. Etwas feierlich ausgedrückt geht es um die Wechselseitigkeit der Hingabe: Ich gebe mich dir, und du gibst dich mir. Das drückt sich in vielen kleinen Alltäglichkeiten aus: etwas mitbringen, was der andere besonders gerne mag, nachfragen und zuhören, wie es dem anderen geht, den anderen stützen und unterstützen, wenn er es braucht, Initiativen für die Beziehung ergreifen, Ideen haben, was man miteinander unternehmen könnte, dem anderen das Herz öffnen, wenn einen etwas sehr beschäftigt, für ihn da sein, wenn er es braucht, und so fort. Balance heißt hier ebenfalls: Die Positionen wechseln immer wieder. Der eine gibt und nimmt, der andere nimmt und gibt. Es herrscht ein »hoher Umsatz von Geben und Nehmen« (B. Hellinger, in: Weber 1993, S. 22 ff.). In solchen Beziehungen entwickelt sich – im Gegensatz zu den erwähnten »Teufelskreisen« – *ein positiv »sich selbst verstärkender« Kreislauf:* Wenn ich vom anderen etwas bekomme, drängt es mich, meinerseits zu geben, und dieses Geben wiederum löst beim anderen auch wieder die Reaktion aus, geben zu wollen, und so weiter. Das heißt: Durch solch wechselseitiges Geben und Nehmen entsteht Bindung, und die Beziehung wird als ausgesprochen nahrhaft und emotional sättigend erlebt.

Wo sich das Geben-Nehmen-Muster dagegen polarisiert,

beginnen auf die Dauer beide Mangel zu leiden. Der eine, der immer nur nimmt, bekommt zwar zunächst sehr viel. Aber je länger er nicht zurückgibt, desto aussichtsloser gerät er in die Position des Schuldners, der dem anderen nie mehr gerecht werden kann. Der immer nur Gebende hingegen erlebt sich auf die Dauer, je großzügiger und freigebiger er anfangs war, umso mehr als der Ausgebeutete. Wir stoßen hier auf einen eigenartigen Sachverhalt: Der Liebende gibt ja nicht, um etwas wiederzubekommen. Er gibt aus Liebe. Und dennoch sind sein Geben und seine Liebe darauf angewiesen, dass vom anderen irgendwann etwas zurückkommt. Und natürlich entspricht es der Liebe nicht, Geben und Nehmen miteinander zu verrechnen, und trotzdem braucht der Gebende auch das Geben des anderen, damit er sich nicht irgendwann ihm gegenüber leer und ausgebrannt fühlt. Auch hier gilt wieder: Die Beziehungskonten müssen auch und gerade in diesem Punkt einigermaßen ausgeglichen sein, sonst entsteht die Gefahr, dass auch die großzügigste und heißeste Liebe schließlich verbrennt.

Das ist nicht so in hierarchisch strukturierten Beziehungen. Eltern geben ihren Kindern, ohne dass sie ja auf der selben Ebene von ihnen etwas zurückbekommen. Bei Lehrern ihren Schülern und Vorgesetzten ihren Mitarbeitern gegenüber ist das in ähnlicher Weise angemessen. Ihre »Gratifikation« besteht darin, zu erleben, dass die Empfangenden das, was sie bekommen haben, weitergeben an die ihnen derzeit oder in Zukunft Anvertrauten. Aber in einer gleichwertigen Beziehung muss Geben und Nehmen hin- und hergehen. Das ist ein wesentliches Merkmal ihrer Gleichwertigkeit. Geschieht es nicht und gerät einer der beiden hauptsächlich in die Rolle des Gebenden, der andere in die des Nehmenden, entsteht denn auch *ein hierarchisches Gefälle*: Der Gebende wird Quasi-Vater oder -Mutter, -Lehrer, -Vorgesetzter des anderen. Der Nehmende gerät in die Kind-, Schüler-, Untergebenen-Position. Damit erleidet die

Ebenbürtigkeit Schaden. Wenn dann einer der beiden es anders erfährt, wenn der Gebende plötzlich einen trifft, von dem er endlich bekommt, und der Nehmende einen, dem er plötzlich mit vollen Händen geben kann, ist eine solch einseitige Beziehung dann häufig sehr schnell zu Ende.

Liebe braucht einen *hohen Umsatz von Geben und Nehmen*. Damit soll nicht gesagt sein, dass dieser Austausch immer genau auf der selben Ebene erfolgen müsste. Auch hier spielen die Stärken und Kompetenzen der Partner in ihrer unterschiedlichen Art eine Rolle. Bärbel kann auf eine liebe Art ihren Arno trösten, wenn ihm etwas schiefgegangen ist. Da tut dieser sich im umgekehrten Fall viel schwerer. Dafür kann Bärbel auf Arno hundertprozentig zählen, wenn sie sich in den Anforderungen der Abendschule, die sie gerade macht, mal wieder verheddert hat. Er ist dann vor allem anderen für sie da, klärt und hilft und unterstützt sie so lange, bis sie wieder Tritt gefasst hat. Auch wenn Bärbel ihn manchmal gern ein bisschen weicher hätte, erlebt sie das Geben und Nehmen zwischen ihnen deshalb doch recht ausgeglichen. Das, was sie von ihm bekommt, erlebt sie mindestens gleichwertig zu dem, was sie ihm gibt.

Etwas anders liegt es allerdings in einem anderen Fall: Moritz arbeitet sehr viel. Er nimmt auch noch Aufträge nebenher an und verdient damit eine Menge Geld, das zweifellos seiner Frau und seiner Familie zugutekommt, unter anderem in wunderschönen Urlauben, die sie sich sonst nicht leisten könnten. Wenn er – oft schon recht spät – nachhause kommt, ist es allerdings noch immer nicht vorbei. Dann geht er in den Garten und baut an dem begonnenen Gartenhäuschen weiter, auf das sich die Kinder schon so freuen. Wenn er dann spät todmüde ins Bett fällt, hat er das Gefühl, den Seinen sehr viel gegeben zu haben. Anders geht es allerdings seiner Frau Adelheid. Sie freut sich zwar über die schönen Familienferien, und sie freut sich für die Kinder über das Gartenhaus. Aber für sich selbst hat sie immer stärker das Gefühl, dass sie leer ausgeht. Sie selbst spürt von Moritz immer weniger. Er spricht kaum noch ein persönliches Wort mit ihr. Für sie sind Geben und Nehmen ganz und gar nicht in der Balance. Sie stellt Moritz zur Rede: Sie fühle sich immer mehr zu kurz gekommen und immer mehr als die, die allein noch etwas für die Beziehung tut. Moritz ist wie vor den Kopf gestoßen. Denn er fühlt sich doch als der ständig Gebende, der so viel für seine Familie tut, während es seine Frau mit ihrem sorglosen Leben doch eigentlich recht schön hat...

Hier stoßen wir wieder auf den typischen Frau-Mann-Unterschied, von dem bereits die Rede war. Das Muster des »Familienernährers« steckt den Männern so tief in den Knochen, dass sie das Gefühl haben, dann am meisten zu geben, wenn sie diese Rolle ausfüllen, indem sie viel Geld nachhause bringen und Haus und Garten in Schwung halten. Frauen wiederum verstehen Geben gemäß ihrer traditionellen Rolle vor allem in der persönlichen Zuwendung und in der positiven unmittelbar spürbaren Resonanz auf den anderen. Wenn auf dieser Ebene vom Mann nichts mehr kommt, fühlen sie sich allein gelassen und auf die Dauer ausgehungert. Frauen realisieren oft nicht, wie viel echtes Engagement für sie und die Beziehung in seiner Schufterei liegt, und Männer realisieren zu wenig, dass Frauen – genauso wie sie selbst – auch ihrerseits auf ein gutes Wort, eine deutliche Resonanz, eine liebevolle Geste angewiesen sind. Es wäre für manches Paar sehr hilfreich, wenn sie sich darüber austauschten, worin sie sich als Gebende sehen und was ihnen wichtig ist, dass sie es vom anderen bekommen. Dies könnte zu einer Neubewertung des Tuns und Lassens des Partners führen und andererseits Anstoß sein, sich auch bisher ungewohnte und nicht praktizierte Formen des Gebens anzueignen. So könnte Adelheid realisieren, wie sehr Moritz es mit seiner Mehrarbeit ein Anliegen ist, ihr einen schönen Urlaub zu ermöglichen, und Moritz könnte manchmal das Gartenhaus Gartenhaus sein lassen und den Abend zum Gespräch mit Adelheid freihalten.

Auch hier macht uns *unsere Vergangenheit* wieder Probleme. Im tradierten Beziehungsmodell kommt der Frau eindeutig die emotional gebende Rolle zu, während der Mann das Wesentliche tut, wenn er für die Existenzsicherung der Familie sorgt. »Meine Frau muss nicht arbeiten«, das war deshalb in meiner Generation noch eine Aussage, mit der der Ehegatte die Qualität seiner häuslichen Beziehungen unter Beweis stellte. Die Jungen lernten in solchen Familien nicht, was es heißt, einer Frau emotional etwas zu geben. Sie sahen es an ihren Vätern nicht, und es wurde von Männern auch nicht erwartet. Dafür erlebten die Mädchen am Modell ihrer Mütter, wie Frauen sich verausgabten und oft ständig hintanzustellen hatten. »I für mi brauch nix!« (Ich für mich brauche nichts) – war der Wahlspruch der Mutter einer Kollegin. Solche Wahlsprüche wirken weiter, und selbst wenn die erwachsenen Töchter sie ablehnen, machen sie ihnen ein schlechtes Gewissen, wenn sie sich anders verhalten. Was wechselseitiges Geben und Nehmen bedeutet, muss also tatsächlich häufig erst gelernt werden. Partner können sich hier gegenseitig helfen, indem sie einander auf die weniger belichtete Seite (»Etwas für sich tun« oder »Etwas für den anderen tun«) aufmerksam machen, wann und wo es im Zusammenleben aktuell wird.

Einwände

Der vorgeschlagene Weg macht die Partnerliebe zu einem Geschäft. Bei einem Geschäft ist es in Ordnung, dass die Leistung und Gegenleistung miteinander verrechnet werden. Aber in der Liebe? Wenn Partner immer wieder Ausgleichsforderungen stellen, machen sie dadurch die Liebe, die doch ohne Vergleichen gibt, nicht gerade kaputt? (Retzer 2002, S. 198–205)

Es geht hier um den Unterschied von Gerechtigkeit und Liebe. Wenn es in einer Beziehung zwischen zwei Menschen gerecht zugeht, heißt das noch lange nicht, dass diese beiden sich auch lieben. Das heißt, Liebe ist etwas anderes als Gerechtigkeit. In der Liebe geht es um Hingabe, in der Gerechtigkeit um Ausgleich. Allerdings: Liebe ohne Gerechtigkeit wird Missbrauch oder Überforderung. Der viel beschäftigte Manager, der sich um seine Frau überhaupt nicht mehr kümmert und erwartet, dass sie das über Jahre aus Liebe zu ihm hinnimmt und immer für ihn da ist, missbraucht sie und ihre Liebe. Natürlich können die Umstände so sein, dass er – jedenfalls zeitweise – nicht in größerem Ausmaß präsent sein kann. Es geht auch nicht um eine mathematische Verrechnung. Denn wenn die Frau merkt, dass er trotz seiner Belastung immer wieder – wenn auch kleine – Gelegenheiten nützt, sich ihr persönlich zuzuwenden und beispielsweise einen Termin, der nur seiner Eitelkeit schmeichelt, aber sonst nicht sehr wichtig ist, ihretwegen auch mal streicht, dann wird sie das als Ausgleich empfinden, auch wenn aufs Ganze gesehen ihre familiäre Last die größere bleibt.

Wenn einer in der Beziehung immer schlechter wegkommt als der andere, belastet dies die Liebe auf Dauer sehr. Die Beziehung wird ein Ausbeutungsverhältnis. Allerdings kann man dem ein Stück weit und eine Zeit lang gegensteuern, indem derjenige, der in bestimmten Dingen besser wegkommt, dem anderen immer wieder *kleine Kompensationen* gibt, die zeigen, dass ihm an der Herstellung eines fairen Ausgleichs liegt: »An dem einen Abend, wo du deinen Kurs hast, brauchst du keinen Babysitter bestellen. Ich bin dann verlässlich um 18.00 zuhause und übernehme die Kinder!« Oder: »Ich muss geschäftlich nach XY. Ich lade dich ein mitzukommen. Wir hängen noch zwei Tage an und machen uns da eine schöne Zeit!« Solche kleinen Aufmerksamkeiten stellen häufig, wenn auch keinen »quantitativen«, so doch einen psychologischen Ausgleich her, weil sie zeigen, dass der Partner die Situation wahrnimmt, für den anderen Einfühlung hat und in den Grenzen seiner Möglichkeiten auch etwas Konkretes in Richtung Ausgleich tut. Meine Erfahrung ist, dass zwar die strukturellen Gegebenheiten unserer Gesellschaft Ungerechtigkeiten im Geschlechterverhältnis immer wieder Vorschub leisten, dass aber die Berufung auf solche »Zwänge« oder auf die Unangemessenheit von Ausgleichsforderungen in Liebesdingen meist eine Ausrede ist: In der konkreten Situation lässt sich immer noch mehr für einen gerechten Ausgleich tun, als vorgegeben wird, und das braucht eine Liebe auch, um nicht überfordert zu werden.

Dem Ausbalancieren der dargelegten Polaritäten stehen häufig die traditionellen Rollenbilder und die gesellschaftlichen Erwartungen entgegen. Es trotzdem schaffen zu wollen scheint nur mit großen Anstrengungen möglich zu sein. Wo bleiben da noch Freude und Genuss in der Beziehung? Gerät uns jetzt auch noch die Liebesbeziehung zu harter Arbeit?

In diesem Einwand werden wieder einmal Liebe und Verliebtheit verwechselt. Verliebtheit überfällt uns, und in diesem Zustand fällt vieles leicht und geht selbstverständlich. Da sind wir plötzlich mutig, konsequent, grenzen uns ab, setzen uns für den anderen ein, schaffen Zeit für das Zusammensein – und erleben es gar nicht als »harte Arbeit«. Es geht wie von selber. Diese Leichtigkeit und Selbstverständlichkeit fällt in einer Dauerbeziehung allmählich weg. Es geht aber immer noch um dasselbe: Dass wir der Liebesbeziehung eine ähnlich hohe Priorität einräumen. Nur kostet das jetzt Aufmerksamkeit und auch Anstrengung. Ohne das geht es nicht, weil eben – wie gesagt – Kräfte in uns und um uns dagegenstehen. Beziehungen müssen gestaltet werden, damit die Liebe lebendig bleibt, und Gestaltung ist nicht ohne Einsatz möglich. Zu meinen, das müsste alles von selber gehen, ist unrealistisch – und bürdet dem anderen Partner die ganze Last auf.

Außerdem: Das Problem der Imbalance äußert sich konkret meist nicht so umfassend, wie es die vorausgehende Darstellung vielleicht nahelegt. Meist ist die störende Unausgewogenheit lediglich innerhalb *einer* Polarität zu finden, und auch hier sind es ganz bestimmte Verhaltensweisen oder Unterlassungen, an denen sie greifbar werden und einen der Partner stören. Darauf gilt es dann, die Aufmerksamkeit zu richten und mit Veränderungen anzusetzen.

Hinweise

1. Zu empfehlen ist, dass Paare von Zeit zu Zeit eine *»Fairness-Bilanz«* miteinander machen, vielleicht mit Hilfe der oben besprochenen drei Polaritäten, indem sie sie miteinander durchgehen: Wie steht es hier mit unserer Balance? Kommt einer von uns beiden schlechter weg, und worin kommt er schlechter weg? Haben sich Schieflagen eingeschlichen, so wie bei einer Wippe, die nicht mehr auf und ab wippt, sondern in Schräglage zum Stillstand gekommen ist? Was wäre zu tun, um die Wippe wieder in Bewegung zu bekommen und Ausgleich zu erreichen? Welche Zeitperspektiven gibt es, wann ist der andere wieder »dran«, seine Bedürfnisse erfüllt zu bekommen? Welche Kompensationsmöglichkeiten könnten gegeben werden, wenn Einseitigkeiten im Moment unvermeidlich sind? – Solche Bilanzgespräche könnten verhindern, dass die Beziehung unbemerkt so aus der Balance gerät, dass sie in Gefahr kommt. Auf der bewussten Ebene »merken« das unter Umständen beide nicht. Aber im Untergrund breitet sich bei einem von beiden eine immer umfassendere Unzufriedenheit aus, die eines Tages abrupt und zerstörerisch ins Bewusstsein dringt. (Sehr

nützliche konkrete Fragen zu solchen Bilanzgesprächen für das Paar, für Frau und Mann, finden sich bei Welter-Enderlein 1996, S. 133 f.)
2. Manchmal wird zwischen den Partnern eine eklatante Schieflage erst zum Thema, wenn schon Jahre des Zusammenlebens vergangen sind – und zwar durch eine akute Krise. Dorothee hat sich heftig in einen anderen Mann verliebt. Albin bringt das völlig durcheinander. In der Paartherapie wird deutlich, dass er in der Beziehung immer der flotte Junge war, während sie immer mehr zur »Mutter der Kompanie« wurde, die sich um alles kümmerte. Albin geht in sich, will einen Neuanfang machen. Kann Dorothee sich darauf einlassen? Albins guter Wille steht für sie außer Frage. Aber was macht sie mit der jahrelangen Schieflage? Er sieht diese jetzt auch. Aber reicht das für einen Neuanfang?

In solchen und ähnlichen Fällen kann man auf das zurückgreifen, was wir beim Thema Verletzungen gesagt haben: Mit Hilfe eines *Ausgleichs-Rituals* könnte ein Neuanfang versucht werden. Dorothee darf sagen, was sie jetzt von Albin als Ausgleich für die vergangenen Jahre von ihm braucht: Dass er etwas für sie tut, was ihr hilft zu glauben, dass er es wirklich ernst meint. Wenn Albin das aufgreift und den Wunsch erfüllt, wird er damit natürlich nicht die Vergangenheit ungeschehen machen können, aber es wird doch ein symbolischer Ausgleich dafür sein, und es wird Dorothee helfen, einen Strich darunter zu machen. Es wird für sie gleichsam das Unterpfand sein, an dem sie spürt: Ja, es gibt wirklich einen Neuanfang. Natürlich wird das nur dann einer sein, wenn Albin daraufhin auch sein konkretes Alltagsverhalten wirklich ändert. Aber damit überhaupt eine Hinwendung zu einer neuen Zukunft möglich wird, kann ein solch symbolischer »Ausgleich« eine große Hilfe sein.

Für Paare, denen eine derartige jahrelange Schieflage bewusst geworden ist und die einen ähnlichen Neuanfang mit besser ausbalanciertem Gleichgewicht machen möchten, ist es freilich nicht ganz leicht, aus eigenen Kräften einen derartigen »rituellen« symbolischen Ausgleich zu schaffen. In solchen Fällen empfehle ich, eine Paarberatung aufzusuchen. Es ist nämlich sehr wichtig, dass das, was hier geschieht, für beide Partner wirklich »stimmt« und innerlich nachvollzogen werden kann. Außerdem muss ja dem Ritual vorausgehen, dass eine gemeinsame Sichtweise des Vergangenen erreicht und eine gemeinsame Perspektive für die Zukunft erarbeitet worden sind. Dies kann die Kräfte des Paares allein leicht überfordern.

8 Machen Sie Ihre Probleme zu gemeinsamen Problemen
Die Kunst, miteinander gut zu kooperieren

Ein gutes Team?

Es ist ein großer Unterschied, einander zu lieben und miteinander zu leben. Wenn wir uns ineinander verlieben, erfassen wir intuitiv Wesenszüge am anderen, die zu uns passen, und spüren vom anderen eine Resonanz auf Wesenszüge von uns, eine Resonanz, die uns tief berührt. Wenn wir uns dann entschließen, zusammenzuleben, ist das eine gute Grundlage, aber in vielen Dingen kommt es dann auf etwas anderes an: nicht auf den »Wesens-Gleichklang«, sondern auf *konkrete Alltagsbewältigung*. Dazu müssen wir aber kein Liebespaar sein, sondern ein gutes Team. Auch hier ist es ähnlich wie beim Thema »Ausgleich«: Zwei, die gut kooperieren, müssen noch lange keine Liebenden sein. Aber wenn zwei Liebende, die sich zum Zusammenleben entschlossen haben, kein gutes Team sind, wird ihre Liebe harten Belastungsproben ausgesetzt. An der mühseligen und immer wieder scheiternden Lebensbewältigung kann sich die tiefste Liebe im Laufe der Zeit verbrauchen.

In diesem Kapitel will ich zwar nur einen, aber wichtigen, vielleicht grundlegenden Aspekt der Frage, wie Liebende auch ein gutes Team werden können, behandeln: dadurch, dass sie die Probleme des Einzelnen zu ihren gemeinsamen Problemen machen.

»Das ist dein Problem!«

Wenn aus zweien ein Paar wird, hören sie natürlich nicht auf, zwei Individuen zu sein. Das heißt aber unter anderem, dass jeder die Verantwortung für sich und seine Angelegenheiten behält. Er kann und darf sie nicht einfach auf den anderen abschieben. Die Frau kann vom Mann nicht erwarten, dass er sich an ihrer Stelle mit ihren Eltern auseinandersetzt. Der Mann kann nicht erwarten, dass die Frau für ihn sein Alkoholproblem löst. Auch wenn einer von beiden immer schon sexuelle Probleme hatte, kann er nicht davon ausgehen, dass sie der andere einfach zum Verschwinden bringen wird. Jeder ist für sein Problem in diesem Sinn selber verantwortlich.

Dennoch halte ich den häufig zu hörenden Ausspruch »Das ist dein Problem!« für einen der destruktivsten in einer Paarbeziehung. Wenn er sagt: »Das mit deinen Eltern ist wirklich dein Problem. Du bist einfach zu wenig tolerant!« – was geschieht dann? Es ist zwar richtig, dass sie sich um das Problem mit ihren Eltern selber kümmern muss. Der Satz enthält aber noch mindestens zwei andere Botschaften: Erstens wertet er sie ab, weil er das Defizit allein auf ihrer Seite definiert. Und zweitens: Er selbst tut so, als ginge ihn persönlich die ganze Sache nichts an – »Ich halt mich da raus!« Damit stellt er sich nicht an ihre Seite, sondern distanziert sich von ihr.

Wenn darum in der Paartherapie der Satz fällt: »Das ist aber das Problem meiner Frau/meines Mannes«, habe ich mir angewöhnt, die Gegenfrage zu stellen: »Und wenn Ihre Frau/Ihr Mann damit ein Problem hat, ist das für Sie kein Problem?« Damit will ich sagen: Du bist zwar ein Individuum, aber du bist auch Teil eines Paares. Was deinen Partner betrifft, betrifft damit euch als Paar, und damit auch dich als Partner! Wenn gesagt wird: »Das ist dein/sein oder ihr Problem«, dient es meist der abwertenden Beschuldigung des anderen und der eigenen Selbstdistanzierung. Demgegenüber meine These: Wenn einer ein Problem hat, sind immer beide betroffen. Darum kann zwar die Verantwortung für das Problem und seine Lösung verschieden verteilt sein, aber keiner der beiden ist aus der Verantwortung dafür vollständig entlassen. Das heißt mit anderen Worten: Wenn einer ein Problem hat, ist es angesagt, dass beide sich hinsichtlich dieses Problems miteinander verbünden, anstatt dass einer den anderen an die Front schickt und sich selbst in die hinteren Linien zurückzieht.

Leider passiert Letzteres häufig. Iris hat große Probleme mit ihrem Jüngsten. Wenn sie dann darüber klagt, gibt Martin Ratschläge, wie sie es anders machen müsste. Darauf Isolde: »Du hast gut reden, mach doch selber mal, dann wirst du schon sehen!« Darauf Martin: »Würd ich ja auch gerne, aber wie soll ich, wenn ich den ganzen Tag weg bin!« Darauf sie: »Das ist jetzt die Standardausrede. Wenn du wolltest, könntest du dich sehr wohl öfter um ihn kümmern...« Bei dieser Art von Umgang mit dem Problem läuft etwas fundamental schief. Isolde meldet das Problem mit ihrer Klage an. Mit seinem besserwisserischen Ratschlag distanziert sich Martin davon und schiebt es ihr zu. Das spürt sie, und darum schiebt sie es nun ihrerseits ihm zu. Dagegen wehrt er sich und schiebt es ihr wieder zurück. So geht es weiter, bis am Schluss jeder die Verantwortung ganz auf den anderen geschoben hat und weit von sich weist. Statt sich miteinander zu verbünden und das Problem miteinander zu lösen, wird es hin- und hergeschoben und bleibt ungelöst. Und nicht nur das: Das ursprüngliche Problem »kriegt auch noch Junge«. Es kommen neue Probleme hinzu und erschweren die Gesamtsituation erheblich. Ursprünglich ist der kleine Sohn von Iris und Martin das Problem. Jetzt – nach dieser unerquicklichen Auseinandersetzung, haben sie auch noch ein erhebliches Beziehungsproblem miteinander: Sie wirft ihm vor, sich nicht zu kümmern, und er wirft ihr Erziehungsunfähigkeit und Verständnislosigkeit für seine Arbeitssituation vor. Damit ist nicht nur das ursprüngliche Problem nicht gelöst, es entsteht vielmehr ein Problemwust, der unter Umständen für den Gesamtbestand der Beziehung gefährlich zu werden droht.

Das Problem des einen ist auch das Problem des anderen

Wenn in einer Paarbeziehung einer ein Problem hat, ist es immer auch das Problem beider. Freilich ist das je nach Problemart sehr unterschiedlich der Fall. Ich will darum einige typische Problemkonstellationen aufzeigen. Dies kann die tatsächliche Vielfalt keineswegs erfassen, soll aber dennoch eine gewisse Orientierung geben:

- Dass das geschilderte Problem mit dem kleinen Sohn das gemeinsame Problem von Iris und Martin ist, ist unmittelbar einzusehen, handelt es sich doch um ihr gemeinsames Kind. Außerdem kann man hier auch von Vornherein annehmen, dass der Kleine mit den Schwierigkeiten, die er macht, auch auf die Gesamtfamiliensituation reagiert, die von der häufigen Abwesenheit von Martin und der faktischen Alleinverantwortlichkeit von Iris geprägt ist. Hier und in ähnlich gelagerten Fällen wäre es also höchst sachgerecht, wenn *beide* davon ausgingen, *dass sie so-*

wohl an der Problementstehung beteiligt als auch für die Problemlösung gemeinsam verantwortlich sind.
- Bei anderen Problemen ist das weniger deutlich. Sie lassen sich sozusagen leichter dem anderen in die Schuhe schieben. Beispiel: Maria hat seit dem zweiten Kind einfach keine Lust mehr auf Sexualität. Da Manfred nach wie vor große Lust hat, meint er, das sei ihr Problem, und Maria neigt zur selben Ansicht und setzt sich unter Druck – was natürlich noch mehr Lust-Verlust zur Folge hat. Ist das tatsächlich nur das Problem von Maria? Wenn Maria vorher durchaus Lust hatte und befriedigende Sexualität mit Manfred erleben konnte, ist davon auszugehen, dass das Verschwinden der Lust bei ihr etwas *mit der Gesamtsituation des Paares und der Familie und damit auch mit Manfred zu tun hat.* Es wäre zum Beispiel zu fragen, inwiefern überhaupt Lust und Muße im weitesten Sinn in ihrem Leben noch eine Rolle spielen. Wenn sie zum Beispiel nur noch arbeiten und Pflichten erfüllen und wenn Martin aufgrund der häuslichen Situation und beruflicher Probleme immer nur mürrisch ist und sich zurückzieht, ist es kein Wunder, dass sich bei einem von beiden, und meist ist das bei der Frau, auch die sexuelle Lust verabschiedet.

    Das Problem zum gemeinsamen Problem zu machen, würde hier bedeuten: Manfred müsste *seine Mitwirkung am Entstehen des Problems erkennen und anerkennen.* Das »Symptom« der sexuellen Lustlosigkeit macht auf ein Problem aufmerksam, zu dem *beide* beitragen und das darum auch von beiden gelöst werden muss, nicht nur vom »Symptom-Träger«, in unserem Fall von Maria. Darum ist auch hier Sich-Verbünden angesagt und nicht Distanzierung und einseitige Zuschreibung von Seiten Manfreds.
- Anders wiederum ist es im Fall von Jakob: Wenn er Konflikte mit seinen Teamkollegen hat, wenn er mit seinem

Chef im Clinch liegt, tut seine Partnerin Marga nichts dazu. Das ist ja sein beruflicher Bereich, den sie, die in einer Behörde arbeitet, kaum kennt. Was heißt hier: »Das Problem des einen zum gemeinsamen Problem machen«? Wenn Jakob von seinem Problem redet, schmeißt er mit technischen Begriffen um sich, von deren Bedeutung sie keine Ahnung hat. Aber geht es dabei um die Technik? Würde sie genau hinhören, würde sie – was so gut wie immer der Fall ist – merken und verstehen, dass es um menschliche und zwischenmenschliche Probleme geht. Das Problem des anderen auch zu seinem machen würde hier bedeuten, sich auf den anderen einstellen, sich für seine Situation interessieren, mit ihm zu verstehen suchen und tiefer erfassen, worum es hier eigentlich geht. Beide begeben sich gemeinsam auf den Weg des Verstehens und der Lösungssuche. Umsetzen muss es natürlich Jakob, aber wenn er seine Frau daran interessiert und ihm den Rücken stärkend erlebt, fühlt er sich nicht allein, sondern wohlwollend unterstützt von ihr. Freilich setzt das voraus, dass Jakob sein Problem auch äußert, dass er darüber spricht, dass er Marga für sich in Anspruch nimmt. Das tun viele, vor allem Männer, häufig nicht, weil sie entweder »keine Probleme haben dürfen«, weil sie meinen, der andere würde sie ohnehin nicht verstehen oder weil sie glauben, sie müssten ihn davor verschonen. Auch dieser Anteil ist also zu überprüfen: Wage ich es, mit meinem Problem den anderen zu »behelligen«? Wage ich als »Problemträger« von meiner Seite Gemeinsamkeit hinsichtlich des Problems?

- Diese Frage stellt sich noch schärfer, wenn es um Probleme geht von der Art psychischer oder physischer chronischer Krankheiten oder Behinderungen. Ein Partner hat zum Beispiel Krebs, oder er hat einen Unfall erlitten, der eine bleibende Beeinträchtigung zurücklässt, oder er hat immer wieder mit massiven depressiven und manischen

Phasen zu kämpfen, leidet also, wie die Krankheit im Fachjargon heißt, an »Zyklothymie«. Natürlich ist der Partner hier in aller Regel nicht an der Entstehung des Problems beteiligt. Über eine solche Mitbeteiligung zu spekulieren kann sogar sehr destruktiv sein, weil dies nur Schuldgefühle erzeugt und aus Schuldgefühlen selten konstruktive Lösungsstrategien entstehen (Jellouschek 2002c). Aber natürlich ist der Partner von einem solchen Problem massiv mit betroffen – und er spielt eine *zentrale Rolle für eine gute Problembewältigung*.
Es geht in einem solchen Fall häufig nicht mehr um eine Lösung im Sinn der Beseitigung des Problems. Denn die ist oft nicht mehr möglich. Bei der körperlichen Behinderung ist es eklatant, bei Krebs und psychischen Krankheiten muss jedenfalls mit einer bleibenden Anfälligkeit dafür gerechnet werden. Darum heißt Problembewältigung hier vor allem, *mit dem Problem leben zu lernen*, und zwar möglichst gut. Wie können wir uns als Paar verhalten, damit es möglich wird, trotz des Krebses, trotz der psychischen oder physischen Beeinträchtigung gut miteinander zu leben? Welche Herausforderungen an dich und an mich enthält diese Situation zum Beispiel auch, uns neue Bereiche zu erschließen, auf die wir ohne diese Krankheit gar nicht gekommen wären? Verbündung um das Problem heißt hier, Wege zur gemeinsamen Krankheitsbewältigung zu finden.

- Nicht unähnlich ist es auch, wenn sich bei einem der Partner herausstellt, dass er von Suchtmitteln abhängig ist, also Drogen- oder Alkoholkonsum nicht mehr unter Kontrolle hat. Natürlich muss er selber wesentliche Teile der Lösungsverantwortung übernehmen. Abstinent kann nur er werden, das kann ihm kein Partner abnehmen. Oft besteht hier sogar die Gefahr, dass sein Partner zum »Co-Abhängigen« wird, indem er durch Überverantwortlichkeit, Kontrollverhalten oder abwertende Kritik das Suchtverhalten des anderen provoziert und verstärkt. Aber auch hier gilt: Der Partner kann einen wesentlichen Beitrag dazu leisten, dass der andere sein Suchtverhalten unter Kontrolle bringt. Auf welchem Weg das geschehen kann, muss allerdings im Einzelnen herausgefunden und – zum Beispiel in einer Paartherapie – erarbeitet werden. Sich nur herauszuhalten, das kann vielleicht ein vorübergehend nötiger Selbstschutz sein, auf die Dauer würde das auf eine – jedenfalls vorläufige – Aufkündigung der Beziehung hinauslaufen. Diese kann unter Umständen nötig sein, weil der Partner keine andere Möglichkeit mehr sieht, weil er sich vom anderen ausgenutzt und manipuliert fühlt oder durch das Problem des anderen völlig überfordert ist. So lange es aber irgendwie möglich ist, gilt auch hier: das Problem des einen zum gemeinsamen Problem machen.

In allen erwähnten Fällen, vor allem aber in den zuletzt genannten, bekommt die *Verbindlichkeit der Paarbeziehung* eine sehr konkrete Bedeutung: Auch wenn ich das Problem nicht – wie in den erstgenannten Fällen – mitkreiert habe, bin ich davon auf jeden Fall mitbetroffen. Darum ist es auch unsere gemeinsame Aufgabe, alle jene Herausforderungen anzunehmen, die damit verbunden sind: die Herausforderung zum gemeinsamen Verstehen, zum gemeinsamen Suchprozess und zu gemeinsamen Lösungsversuchen.

Was Paare im Gegensatz dazu häufig tun, ist, dass sich entweder einer vom Problem des anderen distanziert oder dass beide um das Problem konkurrieren. *Distanzierung* heißt: »Es ist dein Problem, es hat mit mir nichts zu tun!« In *Konkurrenz* um das Problem begeben sich die Partner dann, wenn die Interaktion darüber nach dem Muster abläuft: »Es ist dein Problem!« – »Nein, im Gegenteil, es ist deines!« Was anstelle dieser äußerst destruktiven Muster treten muss, ist die *Verbündung und die Kooperation* der Partner hinsichtlich des Problems (Revenstorf 1999, S. 109). Was heißt das ganz konkret?

Kooperation statt Distanzierung und Konkurrenz

- Erster Schritt: *Ich gehe auf den Partner, der das Problem äußert, ein,* gehe gleichsam »mit ihm mit«.
An unserem ersten Beispiel von Iris, Martin und ihrem jüngsten Sohn kann das Folgendes heißen: Wenn sie darüber klagt, wie schwierig es gerade mit dem Sohn ist, muss Martin vermeiden, gleich Ratschläge zu geben. Zunächst mal ist angesagt: zuhören, nachfragen, eingehen auf Iris, indem er Verständnis für und Mitgefühl mit ihren Sorgen und Ängsten zeigt. Vorschnelle Ratschläge sind immer eine Strategie der Distanzierung. Wenn Martin zuhört, nachfragt, mitschwingt, setzt er sich Iris gegenüber nicht aufs hohe Ross, er tritt vielmehr an ihre Seite. Von diesem Moment an wird das Problem bereits ein Stück ihr gemeinsames. Martin steht nicht mehr außerhalb (wie als »Ratgeber«), er sitzt sozusagen mit im Boot, in dem Iris nach dem richtigen Kurs sucht. Der erste wichtige Schritt ist also: Der (scheinbar) nicht betroffene Partner lässt sich vom Problem des anderen mit betreffen, indem er ausführlich Problem und Problembewusstsein des anderen erforscht und teilt.
- Zweiter Schritt: *Jeder sucht nach seinem Teil am Problem und nimmt diesen Teil zu sich*.
Wieder an unserem Beispiel: Martin und Iris überlegen miteinander, woran es liegen mag, dass der Kleine gerade so schwierig ist. Was nun sind die Ursachen dieser Schwierigkeiten? Dabei werden wahrscheinlich verschiedene Zusammenhänge deutlich, zum Beispiel die Konkurrenz des Kleinen mit den Geschwistern, die Ungeduld von Iris, die mit den drei Kindern an den Rand ihrer Möglich-

keiten geraten ist, aber auch: Martins Mangel an Kontakt zum Jüngsten, der besonders auf ihn bezogen ist.

Wenn sich so herauskristallisiert hat, dass auch der andere Partner am Problem beteiligt ist, braucht es oft den Schritt, diese *Beteiligung ausdrücklich anzuerkennen*. Martin muss sagen: Ja, ich sehe, da liegt ein großer Teil auch an mir. Ähnlich verhält es sich mit anderen Problemen: Die oben erwähnte sexuelle Lustlosigkeit beispielsweise oder die Überforderung oder depressive Verstimmung des anderen kann ein »Symptom« für den Qualitätsverlust der ganzen Beziehung sein. Auch hier gilt es, dass der Partner seinen Teil daran anerkennt und zu sich nimmt. Immer ist also danach zu fragen: »Was als ›dein‹ Problem erscheint – inwiefern bin ich mit daran beteiligt? Den Teil, der meiner ist, erkenne ich an und nehme ihn in meine Verantwortung!« Sicher trifft das nicht in jedem Fall zu, aber es lohnt sich immer, danach zu fragen und dafür offen zu sein. Das entlastet den Problemdruck des »Symptom-Trägers« erheblich und stiftet eine Gemeinsamkeit, die für den nächsten Schritt von größter Bedeutung ist.

- Dritter Schritt: *Wir erarbeiten gemeinsam Lösungsstrategien.*

Bei Iris und Martin sieht das vielleicht so aus: Unser Kleiner braucht mehr Aufmerksamkeit und Zuwendung. Dafür aber braucht Iris Entlastung durch eine zusätzliche Kinderbetreuung. Und es ist nötig, dass Martin öfter ausdrücklich auf seinen Kleinen zugeht und gezielt mit ihm etwas unternimmt.

Natürlich werden sich solche Lösungsstrategien je nach Problemlage sehr voneinander unterscheiden, vor allem wenn es sich um Probleme handelt, an deren Entstehung der Partner tatsächlich nicht beteiligt ist. Bei einem chronisch Erkrankten kann der gesunde Partner zum Beispiel eine wesentliche Hilfe für die gemeinsame Krankheitsbewältigung dadurch sein, dass er dafür sorgt, dass die

Krankheit nicht zum ausschließlichen Mittelpunkt der Beziehung wird, auf den sich alle Aufmerksamkeit konzentriert, sondern immer wieder Initiativen entfaltet, die die Aufmerksamkeit vom versehrten Leben weg auf die trotzdem noch vorhandenen Möglichkeiten von freudvoller Gemeinsamkeit lenken.

- Vierter Schritt: Die Partner gehen an die *Umsetzung ihres Teils der Problemlösung* und evaluieren dabei immer wieder das Ergebnis.

Wieder an Iris und Martin aufgezeigt: Iris engagiert einen Babysitter, Martin beginnt, immer wieder mal mit dem Kleinen allein in den Wald zu gehen und ihn ab und zu auch ins Bett zu bringen. Die beiden sprechen immer wieder darüber, wie es ihnen damit geht, was für Erfahrungen sie machen und ob es schon irgendwelche Auswirkungen gibt.

Dieser Schritt ist aus mehreren Gründen sehr wichtig: Zunächst hilft dieser Austausch, dass beide »dran« bleiben. Veränderungen im bisherigen Verhalten sind immer schwierig, weil sie nicht in den bisherigen Ablauf passen, und es gibt immer den Sog zurück zum Alten, auf das bisher alles eingespielt war. Veränderungen brauchen viel Energie und hohe Aufmerksamkeit. Das fortlaufende Gespräch darüber hält wach.

Außerdem kann so deutlich werden, dass Änderungen der bisherigen Strategie nötig sind. Der Babysitter ist vielleicht nach einiger Zeit gar nicht mehr nötig, weil sich herausstellt, dass es vor allem der verstärkte Kontakt des Kleinen zu Martin ist, der ihn wieder stabilisiert. Oder aber in die andere Richtung: Es kann sein, dass alle bisherigen Lösungsstrategien nichts bringen und dass man als neuen Schritt in einer Kindertherapie neue Wege suchen muss.

Schließlich vermittelt diese fortlaufende Reflexion auch Erfolgserlebnisse. Wenn Iris und Martin erleben, dass die

Maßnahmen greifen, können sie sich darüber freuen. Im besten Fall haben die beiden am Ende dann vielleicht das befriedigende Gefühl: Wir haben ein schwieriges Problem miteinander bewältigt. Wir sind ein tolles Paar!
Damit wird nochmals sichtbar, welche Bedeutung für die Beziehung es haben kann, wenn Paare Probleme zu ihren gemeinsamen Problemen machen: Gemeinsame Problembewältigung verschafft *gemeinsame Erfolgserlebnisse*. Gemeinsame Erfolgserlebnisse wiederum stärken das Selbstbewusstsein des Paares. Sich gemeinsam stark und effektiv zu erleben ist eine nahrhafte Quelle für die wechselseitige Liebe. Das geht natürlich bei sehr vielen Problemen, die den anderen oben geschilderten Kategorien angehören, nicht immer so glatt und schnell, wie ich mit meinem Beispielpaar den Anschein erweckt habe. Aber auch viel langwierigere und weniger sichtbar erfolgreiche Problemlösungswege, die von den Partnern gemeinsam und in kooperativer Unterstützung gegangen und durchgehalten werden, bewirken Ähnliches für die Liebe: eine tiefe Verbindung der Partner miteinander, die als Frucht aus dem gemeinsamen Ringen auch und gerade um schwierige Lebensfragen erwächst.

Einwände

Die vorgeschlagene Vorgehensweise bei Problemen leistet doch Überverantwortlichkeit und Überfürsorglichkeit Vorschub. Gerade wenn der Partner, der das Problem in die Beziehung gebracht hat, dazu neigt, zu wenig Verantwortung zu übernehmen, ist das eine große Gefahr. Schon viele, vor allem Frauen, haben sich auf diese Weise verausgabt und letztlich doch nichts erreicht!

Das ist richtig, und es kann in der Tat so sein, dass es manchmal nötig ist, sich vom Problem zu distanzieren und die Auseinandersetzung dem Partner damit vollständig zu überlassen. Insofern kann der Satz »Das ist dein Problem!« auch berechtigt und ein wichtiger Schutz für den sein, der ihn sagt. Ich erinnere mich beipielsweise an ein Paar, bei dem der Mann, ein Selbstständiger, immer viel zu viele Aufträge annahm und sich damit vollständig übernahm. Seine Frau tat alles, um ihn zu entlasten. Aber je mehr sie ihm im Büro und bei der Organisation abnahm, desto mehr schleppte der Mann an Aufträgen heran. Es war kein Land mehr zu sehen. Die Frau musste sagen: »Ich kann gegen deine Überlastung nichts machen. Dass du dich nicht abgrenzen kannst, ist dein Problem!«

Von einem anderen Blickwinkel aus betrachtet, steht der geschilderte Fall allerdings doch nicht im Gegensatz zu dem oben Gesagten: Auch hier gibt es nämlich eine Gemeinsamkeit im Problem. Denn dieses besteht nicht nur darin, dass der Mann nicht Nein sagen kann, sondern auch darin, dass die Frau die Folgen davon – die Überlastung – mit ihrem Einsatz immer wieder auffängt und zu kompensieren sucht. Genau definiert müsste man sagen: »Unser Problem besteht darin, dass du ›nach außen‹ und ich ›nach innen‹ nicht Nein sagen können. So steuern wir uns gemeinsam in eine unerträgliche Situation hinein!« Wenn jeder seinen Teil am Problem und an der Problemlösung zu sich nähme, würde sich das so darstellen: »Ich, der Mann, muss lernen, mich abzugrenzen. Ich muss öfter Nein sagen.« – »Und ich, die Frau, fange die Folgen deines Mangels an Abgrenzung nicht mehr auf. Ich lasse liegen, was zu viel ist!«

In Paarbeziehungen ist es sehr häufig so, dass es auf diese oder eine ähnliche Weise ein »Mitspielen« des Partners am Problem gibt – und zwar gerade auch durch Überengagement und Überverantwortlichkeit. Gerade dieses Verhalten kann ein Teil des Problems und des Scheiterns von Problemlösungen werden. Darum kann es sehr wichtig sein, solche Zusammenhänge zu erkennen und anzuerkennen.

Muss man sich nicht manchmal heraushalten, um sich zu schützen? Die Frau, die für ihren Mann immer ein offenes Ohr hat, wird regelmäßig in seinen nicht enden wollenden Jammer über seine berufliche Misere hineingezogen, mit der sie doch gar nichts zu tun hat, sodass sie danach genau so hilflos und deprimiert ist wie er. Wenn sie sagt: »Ich will mir das nicht mehr anhören!«, ist das nicht viel besser, als immer mitfühlend mitzugehen?

Auch dem ist zuzustimmen. Allerdings wird in diesem Fall das ausschließlich mitfühlende Zuhören und Mitgehen der Frau selbst zu einem Teil des Problems. Dies zu beenden ist sinnvoll und nötig. Aber dies *nur* zu beenden, ist lediglich eine Distanzierung, um sich selbst zu retten, aber noch kein Beitrag zu einer Problemlösung. Ein Schritt dazu könnte sein, dass sie das ineffektive Jammerverhalten des Mannes konfrontiert (»Ich bin nicht dein Überdruck-Ventil!«) und ihn auffordert, eventuell mit ihrer Unterstützung, sich auf die Suche nach effektiveren Strategien zur Problemlösung zu begeben.

Hinweise

1. Nützliche Fragen, um Probleme des Einzelnen zu gemeinsamen zu machen, sind folgende:
- Bin ich an der Entstehung oder Fortdauer des Problems meines Partners beteiligt? Inwiefern könnte es sein, dass wir das Problem *gemeinsam* produzieren? Was ist in diesem Fall mein Anteil am Problem, den ich zu mir nehmen muss?
- Wenn ich nach ehrlicher Prüfung sagen muss, Nein, an diesem Problem habe ich keinen Anteil: Inwiefern bin ich von diesem Problem betroffen? Und wie wäre unsere Beziehung anders, wenn dies Problem gelöst wäre?
- Inwiefern mildere oder verstärke ich durch mein Verhalten das Problem des anderen?

- Was kann ich von meiner Seite zur Problemlösung beitragen?
- Gibt es in diesem konkreten Fall überhaupt eine »Lösung« des Problems? Oder geht es eher darum, einen Weg zu finden, mit diesem Problem möglichst gut zu leben, und wie könnte so etwas aussehen? Was wäre mein Teil, den ich dabei übernehmen könnte?
2. Auch beim kooperativen Umgang mit Problemen des Partners gilt eine Regel, der wir schon mehrmals begegnet sind: Er muss wechselseitig sein. Gegenseitigkeit ist auch hier die Devise. Wenn immer nur einer sich bemüht, die Probleme des Partners auch zu seinen zu machen, wird es mit der Zeit ein Ausbeutungsverhältnis. Das sagt nichts dagegen, dass die Partner in dieser Hinsicht – was Einfühlung, kritische Selbstreflexion, was den möglichen eigenen Anteil und die Solidarität mit dem Partner in schwierigen Zeiten angeht und so weiter – verschieden begabt sein können und solches dem einen leichter fällt als dem anderen. Aber wenn sich der weniger »Begabte« hier gar nicht auf den anderen zu bewegt, wird der sich auf die Dauer ausgebeutet erleben, und seine Liebe wird erkalten.
3. Zum Schluss eine häufige Erfahrung: Paare, die ihre Probleme als gemeinsame sehen, gemeinsam angehen und miteinander lösen oder auch miteinander tragen, wenn sie nicht zu lösen sind, erschließen sich gerade damit ein großes Wachstumspotenzial ihrer Liebe. Es gibt kaum etwas, das die Liebe zueinander mehr stärkt und festigt als dieser Weg (Jellouschek 2002c).

9 Nehmen Sie Krisen als Entwicklungschancen
Die Kunst, Herausforderungen anzunehmen und zu bewältigen

Krisen sind unausweichlich

Jede Paarbeziehung gerät in Krisen. Das wünscht sich niemand, es ist aber unausweichlich. Krisen sind sogar notwendig und lebenswichtig für lebende Systeme, zu denen wir Paarbeziehungen ja auch rechnen. Warum das denn? Alles Lebendige ist in Entwicklung, das heißt es verändert sich, und es muss sich verändern, um zu überleben und sich zu entfalten. Andererseits will alles Lebendige »es selbst bleiben«, es will seine Identität behalten. Wird dieses Bedürfnis aber zu stark betont, droht Erstarrung. Wird die andere Seite, die Tendenz zur Veränderung, zu stark betont, droht Auflösung. In dieser Spannung steht alles Lebendige: Es strebt Stabilität an, um es selbst zu bleiben, aber es muss die Stabilität auch immer wieder aufgeben und Wandlungsprozesse riskieren, um nicht in Erstarrung zu geraten.

So ist es auch im Leben von Paaren. Bestimmte Phasen, die durchlaufen werden müssen, und die Übergänge von der einen in die nächste sorgen hier dafür, dass die Stabilität nicht zur Erstarrung wird. Dennoch, weil wir Stabilität auch anstreben und brauchen, erleben wir diese Übergänge als Krisen: Zwei Menschen raufen sich – am Anfang ihrer Beziehung – zu einer relativ stabilen Form gemeinsamen Lebens zusammen. Dann aber verspüren sie den Wunsch nach einem Kind. Der kleine Erdenbürger bringt die bisherige Stabilität des Paares durcheinander. Die beiden müssen ihr Leben vollständig umorganisieren. Liebgewordene Gewohnheiten, zum Beispiel der spontane Kneipenbesuch am Abend, müssen aufgegeben, neue Abläufe, zum Beispiel wer nachts aufsteht und sich um das weinende Kind kümmert, müssen eingeübt werden, und noch vieles mehr. Auch wenn die Geburt des Kindes durchaus als freudiges Ereignis erlebt wird, stellt sie dennoch ein *kritisches Lebensereignis* dar, das zu seiner Bewältigung einiges an Geschick und Energie braucht, damit es gut weitergehen kann und das Paar wieder eine neue Stabilität miteinander findet, in der das Kind seinen Platz hat, aber auch die Beziehung wieder zu ihrem Recht kommt. Ähnlich ist es auch mit weiteren Lebensübergängen: wenn das Kind oder die Kinder in die Schule kommen, wenn das letzte Kind aus dem Haus geht, wenn das Paar in die zweite Lebenshälfte eintritt, wenn der Übergang vom Arbeitsleben in den Ruhestand ansteht und Ähnliches mehr. Immer muss ein altes – manchmal gutes, manchmal auch ungutes – Gleichgewicht aufgegeben werden, die Partner müssen sich auf einen Weg begeben und auf die Suche nach einem neuen Gleichgewicht (Jellouschek 2004, S. 135–156).

Vorhersehbare und unvorhersehbare kritische Lebensereignisse

Krisen dieser Art, die durch vorhersehbare kritische Lebensereignisse ausgelöst werden, sind in gewissem Sinn notwendig, damit die beharrenden Kräfte nicht überhandnehmen, damit Neues möglich wird. »Kaum sind wir heimisch einem Lebenskreise/Und traulich eingewohnt, so droht Erschlaffen«, sagt Hermann Hesse (1970, S. 119) in seinem Gedicht »Stufen«. Dennoch ist es häufig nicht ganz einfach für die Partner, »heiter Raum um Raum (zu) durchschreiten« und »an keinem wie an einer Heimat (zu) hängen«, wie der Dichter etwas euphorisch weiter formuliert. Denn das Alte ist uns lieb geworden, wir haben Sicherheit darin gefunden, wir kennen uns damit aus. Das Neue, das auf uns zukommt, kennen wir noch nicht so, es macht vielleicht Angst, wir haben noch keine Erfahrung mit den neuen Anforderungen. Der Mutter kann es ganz schön schwerfallen, wenn die jüngste Tochter, zu der sie immer schon eine besondere Beziehung hatte, aus dem Haus geht. Sie weiß natürlich, dass es so sein muss, sie ist bereit, das Kind »loszulassen«, ja sie ist sogar froh, jetzt wieder mehr Spielraum zu haben. Aber trotzdem schmerzt es. Hier war eine solche Vertrautheit! Die wird nicht mehr so sein. Sie wird jetzt wieder in ihren Beruf einsteigen können. Darauf freut sie sich, aber sie hat auch Angst: Wird sie den Einstieg schaffen? Sie wird auch wieder mehr Zeit mit ihrem Mann haben. Auch das findet sie gut. Aber ihr ist auch bange, wie das gehen wird, jetzt plötzlich wieder mit ihm allein zu sein…

Auch der Wechsel vom Arbeitsleben in den Ruhestand ist ein vorhersehbarer kritischer Lebensübergang, auch er kann ganz schön schwierig, kann ein ausgesprochen krisenhafter Übergang werden: Die Arbeit hat bisher das Leben des Mannes ausgefüllt, wenn es gut ging, hat sie diesem auch in einem wichtigen Bereich Sinn verliehen. Das fällt jetzt weg. Es ist für viele schwer, sich davon zu verabschieden. Der Ruhestand eröffnet viele neue Möglichkeiten, aber wird es gelingen, sie zu entdecken und zu nutzen?

Vorhersehbare Lebensübergänge, vorhersehbare kritische Lebensereignisse können die Beteiligten in ganz erhebliche Krisen stürzen und eine Paarbeziehung ganz schön durcheinanderbringen. Trotzdem ist dabei jedem bewusst, dass es solche Übergänge geben muss: vom Paar zur Familie, von der Familie wieder zum Paar, vom Paar mittleren Alters zur Altersphase. »Es muss das Herz bei jedem Lebensrufe/Bereit zum Abschied sein und Neubeginne« – sagt Hesse in dem erwähnten Gedicht. Das ist bei den vorhersehbaren kritischen Lebensübergängen unmittelbar einsichtig. Sie sind notwendig, damit das Leben, damit Entwicklung weitergeht. In diesem Sinn sind sie immer auch Chancen, selbst wenn es manchmal ganz schön schwer ist, sie als Chancen zu sehen, als solche zu ergreifen und zu nutzen.

Anders ist es bei einer anderen Art von Krisen – bei solchen, die nicht durch vorhersehbare kritische Lebensereignisse ausgelöst werden, sondern mit *unvorhersehbaren* einhergehen: mit Krankheit, Kinderproblemen, einer Außenbeziehung, einem Umzug, der überraschend nötig wird, einem neuen Chef, der so ganz anders ist als der alte ... Solche Krisen werden nicht erwartet. Sie treffen das Paar unter Umständen wie der Blitz aus heiterem Himmel. Man hat sich nicht auf sie eingestellt, man hat im Vorhinein nicht überlegt, wie man sich verhalten wird, man hat keine Strategien zu ihrer Bewältigung. Drei Beispiele dafür, die uns weiter begleiten werden:

Friedrich bekommt viel früher als erwartet von seiner Firma das Angebot einer Führungsposition. Allerdings in einer anderen Stadt. Er und seine Frau haben sich gerade eine Wohnung gekauft, haben zwei kleine Kinder; Ulrike hat eine sehr günstige Teilzeitstelle in ihrem Betrieb halten können, sie haben sich gerade rundum wohlzufühlen begonnen in ihrem Wohngebiet mit den vielen jungen Familien, die sich gegenseitig aushelfen – und jetzt aus allem raus! Aus allem, was ihnen gerade Halt und Heimatgefühl zu vermitteln begann. Sie muss die Stelle aufgeben, die Kinder verlieren ihre Spielkameraden, da wo sie hinziehen, kennen sie keine Menschenseele ...

Ein anderes Szenario: Frank hat als freiberuflicher Musiker hart zu kämpfen, mit seiner Kunst für den Lebensunterhalt seiner Familie aufzukommen. Seine Frau Ursula ist Juristin und hat nach einer langwierigen Vorbereitungsphase nun ihre eigene Rechtsanwaltskanzlei eröffnet. Frank hat sie beim Aufbau sehr unterstützt und sehr viel für sie getan. Beide sind erleichtert darüber, wie gut das zu laufen beginnt. Endlich scheint sich auch ein Ende der materiellen Sorgen abzuzeichnen. Da verliebt sich Ursula auf einem Kongress heftig in einen ihrer Kollegen. Mit einem Schlag steht die Zukunft des Paares in Frage.

Ein drittes Szenario: Ludwig und Daniela haben zusammen eine kleine Trainings- und Beratungsfirma. Daniela kommt als Seminarleiterin sehr gut an, sie ist selbstbewusst und optimistisch. Ludwig ist als Theoretiker gut, aber im Umgang mit den Kunden eher unsicher und leicht mutlos. Er läuft ein wenig im Windschatten von Daniela. Da wird bei einer Routine-Untersuchung bei Daniela ein bösartiger Tumor in der Brust festgestellt. Es muss sofort gehandelt werden: Krankenhaus, Operation, Chemotherapie ...

Solche Ereignisse sind weder vorhergesehen und vorhersehbar, wir empfinden sie alles andere als »nötig«, wir erleben sie als Unglück und Katastrophe. Sie stellen alles Bisherige in Frage, und was sich zwischen uns als Paar eingespielt hat, wird durcheinandergewirbelt. Bei solchen Krisen haben wir ganz und gar nicht den Eindruck, dass sie dem Leben und der Weiterentwicklung dienen, ganz im Gegenteil. Dennoch müssen wir mit solch unvorhergesehenen kritischen Lebensereignissen umgehen, denn es ist unvermeidlich, dass sie uns in dieser oder jener Form im Laufe unseres Lebens treffen. Darüber wird dieses Kapitel hauptsächlich handeln.

Lebenskrisen – Beziehungskrisen

Solche Lebenskrisen werden leicht auch zu schweren Beziehungskrisen. Das liegt bei einer Außenbeziehung wie der von Ursula auf der Hand. Aber auch kritische Lebensereignisse wie die beiden anderen können sehr leicht zu tiefen Krisen der Paarbeziehung werden: Auch wenn Ulrike die Entscheidung ihres Mannes für die neue Stelle unterstützt und damit den Umzug akzeptiert, wird die neue Situation für sie so schwierig, dass sie den Mut verliert, dass sie nur noch klagt und kritisiert, dass sie Friedrich die Entscheidung dann doch noch sehr übel nimmt und ihm die Schuld an ihrer Misere in die Schuhe schiebt. Und für Ludwig wird die Erkrankung von Daniela so bedrohlich, dass er vollständig den Mut verliert, dass er sich allein gelassen fühlt und nicht mehr imstande ist, sie in ihrer schwierigen Situation zu unterstützen. *Ein »Drittes« steht plötzlich zwischen den Partnern*: Bei Frank und Ursula ist es der Geliebte, bei Friedrich und Ulrike seine neue Stelle und die fremde Umgebung, und bei Ludwig und Daniela drängt sich der Krebs als unerwünschter Dritter in die Beziehung.

Alle von solchen Krisen Betroffenen neigen dazu, mit diesem »Dritten«, der oder das die Beziehung sosehr stört, zu hadern, sich ihn wegzuwünschen und wieder den Zustand von vorher haben zu wollen. Das ist nur zu verständlich. Allerdings bringt es nichts. Es macht die Situation nur schlimmer. Es lässt, wie man sich an den Beispielen leicht deutlich machen kann, die Partner nur gegeneinander geraten. Wie kann ein konstruktiver Umgang mit diesem »Dritten« aussehen, vielleicht sogar ein Umgang, der für die Beziehung nicht nur nicht Gefahr, sondern sogar Gewinn bedeuten könnte?

Herausforderung zur Entwicklung

Man kann diese unvorhergesehenen kritischen Lebensereignisse ebenfalls ähnlich sehen wie die vorhersehbaren: als *Anstoß zur Weiterentwicklung*, als Anlass zum Aufbruch aus einer drohenden Erstarrung. Was ich damit meine, möchte ich an meinen drei Szenarien beispielhaft deutlich machen:

- Ulrike und Friedrich
  Nach einiger Zeit des Haderns und der Anklagen drängt sich Ulrike immer mehr die Frage auf: »Welche Rolle habe ich eigentlich bisher in unserer Beziehung gespielt? Immer habe ich mich nach Friedrich und seinen Zielen gerichtet. Ich bin ihm einfach hinterhergelaufen. Und bisher hat sich dabei alles ganz gut ergeben. Bis jetzt. Jetzt stecke ich im Schlamassel. Es wird Zeit, dass ich mich endlich auf die eigenen Füße stelle und mich auch frage, was ich eigentlich will!« Friedrich seinerseits merkt durch den Einbruch Ulrikes, wie selbstverständlich er bisher Ulrikes Anpassung an seine Interessen und Ziele genommen hat und dass er sie mit dieser letzten Veränderung tatsächlich an den Rand der Überforderung gebracht hat. Er sagt sich: »Ich habe ihr da wirklich zu viel zugemutet! Ich muss sie jetzt besonders unterstützen, damit sie wieder Boden unter die Füße bekommt.« Sie beginnen darüber zu reden, und Friedrich kann ihr sagen, wie dankbar er ihr ist, dass sie ihn bisher so bedingungslos unterstützt hat, und dass er das zu wenig geschätzt hat, und dass er bisher seinerseits wenig für sie und ihre Interessen offen

gewesen sei. Er sagt ihr für jetzt, da sie sich auf die Suche begeben will nach dem, was für sie und die Familie nunmehr das Richtige ist, seine Unterstützung zu. So gehen sie miteinander daran, neue Möglichkeiten für die Kinder und neue berufliche Perspektiven für Ulrike zu erschließen. Die Krise wird damit einerseits zum Anstoß für Ulrike, ihr Leben eigenständiger in die Hand zu nehmen, und andererseits für Friedrich, nun seinen Teil der Solidarität und Unterstützung in die Beziehung einzubringen, den er ihr bisher vorenthalten hat. Für ihn wird die Krise zum Anstoß, mehr in die Beziehung zu investieren, für sie, mehr für ihre Eigenständigkeit und Autonomie zu tun. Dies schafft – trotz der schwierigeren äußeren Situation – eine neue Gemeinsamkeit und Nähe zwischen den beiden, mehr als sie es in den letzten Jahren erlebt haben.

- Ursula und Frank

Dass Frank durch die Außenbeziehung seiner Frau Ursula zu ihrem etablierten Rechtsanwaltskollegen in eine tiefe Selbstwertkrise gestürzt wird, dass er voll Wut und Verzweiflung ist – nach allem, was er für sie getan hat, ist mehr als verständlich. Frank könnte in Selbstmitleid und Ressentiment abdriften. Aber Frank bleibt zum Glück nicht dabei stehen. Er nimmt das Ereignis zum Anlass, sich mit Ursula auseinanderzusetzen, so intensiv wie schon jahrelang nicht mehr. Er stellt die Frage: »Haben wir bei all den Sorgen um Existenzsicherung und Kanzlei-Aufbau nicht uns und unsere Beziehung aus den Augen verloren? Wo ist unsere anfängliche Begeisterung füreinander geblieben? Meine Faszination von dir als Frau? Dein Schwärmen für mich und meine Musik? Trotz aller äußeren Bemühung und Unterstützung haben wir uns als Paar mit dem, was uns einmal angezogen hat, aus den Augen verloren!« – Die emotionale Erschütterung dieser Krise, die Bedrohung des Bestands ihrer Beziehung machen ihnen einerseits die Erstarrung, in die sie in der Zeit vorher geraten sind, bewusst, andererseits bringt sie die Mauer zum Einsturz, die sie unsichtbar zwischen sich aufgebaut haben, sodass eine neue tiefe Begegnung möglich wird. Das in den letzten Jahren zwischen ihnen »ungelebte Leben« taucht wieder auf, Frank beginnt wieder um Ursula zu kämpfen, und Ursula kann sich nach einiger Zeit der Unschlüssigkeit von ihrem Geliebten lösen und sich neu für Frank entscheiden.

- Daniela und Ludwig
Bei ihnen besteht die Krise vor allem darin, dass die bisherige Aufteilung zwischen den beiden, dass nämlich sie die starke und zuversichtliche Daniela ist, die vorangeht, und Ludwig derjenige, der sich bei ihr emotional »anhängt«, durch ihre Erkrankung nicht mehr möglich ist. Sie ist jetzt die Schwache, Hilfsbedürftige, die seiner Unterstützung bedarf. Der Krebs fordert Ludwig somit heraus, seine bisherige Position in der Beziehung zu verlassen. Ludwig muss die Dinge nun seinerseits in die Hand nehmen. Er ist herausgefordert, sich auf seine eigenen Stärken zu besinnen und Zutrauen zu seinen Potenzialen zu finden; und er ist herausgefordert, Daniela zu geben, was bisher hauptsächlich sie ihm gegeben hat: Zuspruch, Trost, Ermutigung. Daniela erfährt dabei, wie gut es auch ihr trotz allem tut, nicht mehr immer die Starke sein zu müssen, und Ludwig spürt, wie er seine eigenen Stärken bisher ausgeblendet und abgewertet hat. Sie entdecken dadurch eine ganz neue Qualität in ihrer Beziehung, die sie trotz allem Schweren sehr bereichert. Er kann auch mal der Starke sein, an den sie sich anlehnt, wie sie es sich schon oft insgeheim gewünscht hat. Auch hier wird die Krise trotz der tödlichen Bedrohung zum Anstoß, bisher ungelebte Lebensmöglichkeiten zu entdecken (vgl. Jellouschek 2002c).

Mit diesen sicher sehr schemenhaft skizzierten Verläufen möchte ich deutlich machen: Häufig ist bei Paaren, die durch unvorhergesehene Lebensereignisse in solch schwere Krisen geraten sind, festzustellen, dass diese Krise beziehungsweise der/das »Dritte«, von dem wir gesprochen haben, in eine Beziehungssituation platzt, die Zeichen von Erstarrung oder – um mit Hesse zu sprechen – von »Erschlaffung« zeigt. Oder anders ausgedrückt: Wird die Krise angenommen, zeigt sich in ihrem Licht, was vorher eher verborgen war, *dass die Beziehung bereits zuvor in gefährliche Schieflagen geraten war*: Friedrich war der »Kämpfer an der Front«, und Ulrike passte sich ihm ohne eigenes Lebenskonzept an; Frank und Ursula hatten sich ganz und gar in Arbeit und Sorge um ihre Daseinssicherung verbissen, und ihre einstmals große Liebe drohte im Nichts zu versinken; Daniela bot Mut und Zuversicht für zwei auf, und Ludwig hängte sich dran. Mit diesen Schieflagen konnten sie leben, ja sie fielen ihnen gar nicht auf. Wie problematisch diese Beziehungsmuster aber waren, das brachte die jeweilige Krise mit einem Schlag zum Vorschein und machte deutlich: So konnte es nicht mehr weitergehen. Also waren die Paare herausgefordert, etwas Neues zu suchen. Sie hätten das ohne den oder das »Dritte«, das sich da einmischte, wahrscheinlich nicht getan, jetzt aber mussten sie sich dieser Erstarrung stellen.

Natürlich lösen solche und ähnliche Krisen alle möglichen Gefühle aus: Wut, Schmerz, Trauer, Angst. Man darf nicht zu schnell über diese Gefühle hinweg-, man muss durch sie hindurchgehen, darin besteht *auch* ein Teil der Krisenbewältigung. Aber es besteht die Gefahr, darin hängen zu bleiben. Dann werden solche Ereignisse zu Schlägen eines übel wollenden Schicksals oder gar zu denen eines richtenden Gottes. Oder man kann – wie es ausdrücklich oder unausgesprochen die erwähnten Paare unserer Beispiele taten – die Frage stellen: »*Zu welcher Entwicklung fordert uns diese Krise heraus? Zu welcher Entwicklung, die wir vielleicht bis jetzt vermieden haben?«* Oder anders ausgedrückt: »Was ist die Botschaft dieser Krise an uns, an dich, an mich?« Das ist die entscheidende Frage, die das kritische Lebensereignis in eine Entwicklungs-Herausforderung zu verwandeln vermag, auch wenn wir es zunächst einengend, zerstörerisch oder mindestens ärgerlich erleben. Wer diese Frage stellt, geht mit einer Einstellung an Krisen heran, die wieder Hermann Hesse in dem Satz formuliert hat: »Des Lebens Ruf an uns wird niemals enden...« Diese Einstellung und die Erfahrung, dass sie sich für die Krisenbewältigung immer wieder bewahrheitet, stellt zwischen den betroffenen Partnern, die sie machen, eine tiefe Verbindung her, und in diesem Sinn hat sie für die Stabilität einer Beziehung eine entscheidende Bedeutung.

Zentrale Lebensthemen

Durch kritische Lebensereignisse, vor allem auch durch die unvorhergesehenen, geschieht häufig noch etwas Weiteres, das wir ebenfalls als sehr unangenehm erleben können, das aber auch zu einer Chance werden kann: Sie aktualisieren *zentrale individuelle Lebensthemen* der betroffenen Partner. Das lässt sich wiederum an unseren Beispielen aufzeigen:

- Friedrichs bisheriges Lebensmotto war: »Ich muss vorankommen, ich muss immer Spitze sein!« Ulrike wiederum war innerlich immer noch das brave, liebe Mädchen, das bestrebt war, keine Schwierigkeiten zu machen. In ihrer Beziehung hatte das zunächst wunderbar zusammengepasst. Er hatte sich in seinem Streben von ihr sehr unterstützt gefühlt, und sie war stolz auf ihren tüchtigen Mann. Dies war gewissermaßen ihr *unbewusster Beziehungsvertrag*. Insofern hatte ihre Beziehung auch ein Stück weit der Abwehr der problematischen Seiten dieser einseitigen Lebensmuster gedient. Die Umzugskrise überforderte diese Abwehr. Der Bogen wurde sozusagen überspannt und zerbrach. Ulrike konnte nicht mehr mitmachen – zum Glück! Denn dadurch wurde erst die Problematik beider Lebensmuster deutlich: seine Tendenz, bei seinem »Streben nach oben« die Bezogenheit auf das Du zu verlieren, und ihre Tendenz, in ihrer Über-Bezogenheit sich selbst zu vergessen und ihr eigenes Ich zu verlieren. Die Krise brachte die Gefahr an den Tag, sich in diesen problematischen Tendenzen gegenseitig immer mehr zu steigern. Und sie machte zugleich deutlich, dass sie – und zwar beide – in der Gefahr standen, sich damit heillos zu überfordern, Friedrich mit seinem Leistungsdruck und Ulrike mit ihrer Rücksichtslosigkeit auf sich selbst. Daraus entstand nun für sie die Frage: Wie können wir uns, anstatt uns wechselseitig in der Problematik unserer Lebensthemen immer mehr zu verstricken, gegenseitig zur Herausforderung ihrer Korrektur werden?

- Bei Frank und Ursula war es sehr stark das Thema »Männlichkeit« und »Weiblichkeit«, das in ihrer Untreue-Krise aktualisiert wurde. Frank war plötzlich mit der Frage konfrontiert: Wer bin ich eigentlich als Mann? Ich, der Künstler, der mit seiner Musik einen Bruchteil des Geldes heimbringt, das der Geliebte und Rechtsanwaltskollege meiner Frau verdient? Was kann ich ihr bieten? Worin finde ich meinen Selbstwert als Mann im Gegenüber zu ihr? Ursula wiederum beschäftigte im Zusammenhang mit ihrer Außenbeziehung die Frage: »Wenn ich mit dem Kollegen zusammenginge, hätte ich dann nicht jemanden zum Anlehnen und müsste selber nicht mehr immer ans Überleben denken..? Was brauche ich als Frau von einem Mann, was ist mir wirklich wichtig an einer Beziehung?« Die Auseinandersetzung mit diesen Fragen führte Ursula schließlich zu der Einsicht:

»Ich will gar keine Frau sein, die dem Mann das Geldverdienen überlässt. Ich brauche einen Partner, der nicht nur etabliert, sondern auch ein bisschen verrückt ist, so wie Frank. Allerdings: Mich manchmal etwas mehr fallen lassen können, das täte mir schon gut! Und das fällt mir nicht so leicht!« Frank wiederum merkte, dass seine Männlichkeit ohne seine Musik und seine etwas instabile Lebensweise einfach eine kastrierte Männlichkeit wäre. Er merkte allerdings an der Faszination Ursulas von ihrem Kollegen auch, dass er ihr bisher zu wenig von dem angeboten hatte, wonach sie sich sehnte: Stabilität. Nicht Stabilität im materiellen Sinn, sondern Beziehungsstabilität, Intensität und Verlässlichkeit in der Qualität seiner Zuwendung … Dieses Thema erlebte er als die eigentliche Herausforderung ihrer Dreiecksgeschichte.

- Daniela wiederum war durch ihre Erkrankung damit konfrontiert, nicht mehr die Starke sein zu können, weder in der Beziehung noch für ihr eigenes Leben. Daran ging ihr auf, dass sie das bisher immer wieder sein musste: die Starke und Tüchtige, die die Mutter stützte, sich um die kleineren Geschwister kümmerte und auch den Leistungsanforderungen des Vaters gerecht wurde. Hingegen war Ludwig damit konfrontiert, nun eine Rolle einnehmen zu sollen, die er aus seiner Herkunftsgeschichte gar nicht kannte und nicht eingeübt hatte: die Rolle des Gebenden, Fürsorglichen, Starken, Stützenden. Diese Rolle hatte in seiner Familie allein seine Mutter für alle übrigen Familienmitglieder eingenommen, wogegen er zwar Widerstand geleistet hatte, was aber noch nicht ausreichte, sich diese Seiten selbst anzueignen. Die Krankheit Danielas war dann die entscheidende Herausforderung, seine eigenen Stärken zu entdecken und ihnen mehr und mehr Zutrauen zu schenken.

Lebenskrisen konfrontieren uns unausweichlich mit eigenen zentralen Lebensthemen. Häufig entdecken Paare – ähnlich wie hier vor allem im ersten Fall geschildert –, dass sie ihre Beziehung unbewusst so arrangiert haben, dass sie sich diesen Lebensthemen nicht stellen mussten. Der/Das »Dritte«, das sich in der Krise »einmischt«, bringt sie wieder zum Vorschein. Die Chance, die sich hier eröffnet, ist nun die, die Beziehung so neu zu gestalten, dass die Partner sich gegenseitig nicht mehr darin unterstützen, diese Lebensthemen abzuwehren, sondern darin, sie neu aufzugreifen und konstruktiver mit ihnen umzugehen.

Ulrike wird Friedrich nicht mehr einfach machen lassen, sondern sie wird ihn fordern, wenn er ganz in seiner Karriere abtaucht. Damit hilft sie ihm, in seinem Streben nicht mehr »beziehungslos« zu werden. Friedrich seinerseits wird Ulrike unterstützen und ermutigen, wenn sie sich einen neuen Job sucht oder eine Umschulung macht, damit sie in ihrer Fürsorge für alle nicht mehr sich selbst vergisst. Frank wird Ursula wieder öfter vom Schreibtisch holen, sie in seine Welt der Musik mitnehmen und ihr auf diese Weise seine Stärke zeigen, und Ursula wird es zulassen und sich ihm anvertrauen und so ihrer Sehnsucht, sich auch mal anzulehnen, nachgeben können. Und Ludwig wird sich durch die Krankheit Danielas immer wieder herausgefordert fühlen, die Hilflosigkeit des kleinen Jungen in sich zu überwinden und der Starke und Stützende zu sein, den sie in ihrer Situation jetzt so nötig braucht.

»Des Lebens Ruf an uns wird niemals enden«: Paare, die Krisen so miteinander angehen, machen die Erfahrung, dass dieser Satz in Hesses Gedicht wirklich stimmt. Auch in schweren Belastungen und Bedrohungen kann zusätzliche Lebensqualität gewonnen werden, wenn wir uns der Herausforderung stellen. Und was ich bereits sagte, möchte ich hier nochmals betonen: Im gemeinsamen Umgehen mit der Krise in diesem Sinn vertieft sich die Partnerliebe, weil uns das Dunkel des Tales, das wir gemeinsam durchschritten haben, das Licht nachher umso heller erleben lässt.

Einwände

Ist es nicht zynisch, einem Paar, das gerade mitten in der Krise steckt, das unter der schweren Erkankung eines Partners leidet, dem eines der Kinder große Sorgen bereitet, das von einer Außenbeziehung durcheinandergeschüttelt wird oder dem der soziale Abstieg droht und dergleichen, dem weismachen zu wollen, dass darin eine »Entwicklungschance« liegt?

Es ist zynisch, wenn ich das ohne Einfühlung mache. Zur Einfühlung gehört, dass ich – zum Beispiel als Berater oder Freund, der damit zu tun bekommt – zunächst mit den Gefühlen mitschwinge, die diese Krise bei den Partnern auslöst. Das beginnt damit, dass ich mir ausführlich erzählen lasse, worum es geht, und die Krisenhaftigkeit der Situation in aller Tiefe auslote. Weiter gehört dazu, dass ich die Gefühle, die die Krise bei den Betroffenen hervorruft, annehme, ihnen den Raum biete, in dem sie ausreichend ausgedrückt werden können. Immer steht in solchen Krisen auch ein Abschied von etwas an, das war und nie mehr sein wird. Auch der Schmerz darüber gehört ausgedrückt und akzeptiert. Wenn ich als Berater oder Freund so damit umgehe, dann ist es nicht zynisch, sondern kann eine entscheidende Hilfe sein, das Paar darin zu unterstützen, den Blick dann auch nach vorne zu richten, auf die Möglichkeiten, die sich jetzt – gerade durch die Krise – eröffnen.

Woher kann ich aber denn so sicher sagen, dass es solche Möglichkeiten gibt? Ist wirklich jede Krise eine Chance?

Keine Krise »ist« eine Chance. Es ist vielmehr so, dass ich damit unterschiedlich umgehen kann. Ich kann mich der Krise unterwerfen, oder ich kann sie als mögliche Chance begreifen. Was »stimmt«, sagt mir die Krise »als solche« nicht. Was sie für mich ist, das mache ich aus ihr. Es ist eine Sache meiner Kreativität, meines »Möglichkeits-Sinns«, ihr diese Bedeutung abzugewinnen. Es gehört entscheidend zum Repertoire der Lebensbewältigung von Paaren, nicht nur einen nüchternen »Wirklichkeits-Sinn«, sondern auch diesen »Möglichkeits-Sinn« zu entwickeln. Damit schafft das Paar für sein Leben und Zusammenleben eine grundlegend positive Perspektive und hoffnungsfrohe Grundstimmung.

Hinweise

1. Gerade bei den unvorsehbaren kritischen Lebensereignissen gibt es Fragen, die meist nichts bringen oder in eine falsche Richtung führen. Fragen wie »Was ist die Ursache dieser Krise?«, und vor allem »Wer ist Schuld daran?«, »Warum hast du mir das angetan?« und »Warum muss es gerade mich/uns treffen?« – Die entscheidende konstruktive Frage angesichts solcher Krisenereignisse lautet: »Wozu fordert uns diese Krise heraus – zu welchem Schritt, zu welcher Entscheidung, zu welcher Entwicklung?« Ähnlich sinnvolle Fragen können sein: »Was ist die Botschaft dieses Krisenereignisses an dich, an mich, an uns?«, wobei die Krise diese Botschaft nicht »enthält«, sondern wir es sind, die sie daraus entnehmen. Oder: »Was ist das ungelebte Leben, das sich in dieser Krise anmeldet und bemerkbar macht?« Die Fragestellung könnte auch lauten: »Wozu wird dieses Ereignis einmal gut gewesen sein?« (Hildenbrand 1993, S. 136)

2. Wenn man in der Krise steckt, ist es verständlich, dass man den Zustand vor der Krise zurückhaben will. Aber wir haben gesehen: Dieser Zustand ist oft gar nicht so gut, wie er vielleicht in der unmittelbaren Krisenerfahrung erscheint. Und zum anderen: Die Situation wird

nach der Krise nie mehr so sein können wie vorher. Entweder wird unsere Beziehung an der Krise zerbrechen – oder sie muss eine neue Stufe ihrer Entwicklung erreicht haben, damit sie weitergeht. Es kann also nur »nach vorne« weitergehen, entweder in die eine oder die andere Richtung. Das heißt: Immer steht ein Abschied an, der vollzogen werden muss, damit wir für etwas Neues frei werden.

3. Wenn man mit solchen Fragen wie den in 1. genannten an Lebenskrisen herangeht, hat man – bewusst oder unbewusst – zuvor eine Grundannahme getroffen, nämlich die Grundannahme, dass es das Leben – auch in seinen Schicksalsschlägen – gut mit mir meint. Man geht von der Annahme aus, dass in der Krise sich nicht etwa der Neid der Götter zeigt, auch nicht ein strafender Gott oder die Willkür eines blinden Schicksals, sondern dass mir auch darin letztlich Wohl-Wollen begegnet. Das ist eine Grundannahme, von der auch Christentum und Buddhismus ausgehen: Für das Christentum steht der »gekreuzigte Auferstandene« im Zentrum, im Buddhismus wird der Endzustand der Erleuchtung erreicht, wenn alle »Ichhaftigkeit«, alles »Anhaften« losgelassen ist. Das heißt: Für beide wird in der tiefsten Krise des Lebens die eigentliche Vollgestalt des Lebens erreicht. Darum kann auch eine in diesem Sinn religiöse Lebenseinstellung eine große Unterstützung für eine positive Krisenbewältigung sein.

10 Schaffen Sie gemeinsame Sinnwelten und Lebensperspektiven
Die Kunst, das Zusammenleben mit Sinn zu erfüllen

Manchmal habe ich mit Paaren zu tun, die eigentlich keine massiven Probleme haben, aber es liegt etwas wie ein depressiver Schleier über der gesamten Beziehung. Oft sind es Paare, die keine Kinder haben, die in unterschiedlichen Berufen tätig sind und die auch sonst wenig Gemeinsames haben. Es kann durchaus sein, dass die beiden einmal die ganz große Liebe füreinander waren, aber davon ist nicht mehr viel zu spüren. Wenn man beobachtet, wohin ihre Augen gerichtet sind, kann man feststellen, dass sie Blickkontakt miteinander eher vermeiden, als wäre er ein wenig peinlich. Sie gucken vor sich hin, oder sie richten den Blick ins Weite. Wenn man es krass ausdrückte, müsste man sagen: Die Beziehung ist leer. Oder gar: Sie hat etwas Sinnloses. Manchmal kann man sich sogar des Eindrucks nicht erwehren, dass sie ein »Drittes«, von der Art einer heftigen Krise – wie im letzten Kapitel besprochen, beispielsweise eine Außenbeziehung – förmlich auf sich ziehen, um diese Leere wenigstens damit zu füllen.

Es fehlt dem Paar tatsächlich häufig etwas Drittes, allerdings etwas, auf das sie miteinander erfreut, interessiert und fasziniert blicken könnten. Hier wird eine weitere Facette von dem deutlich, was die Liebe in Dauerbeziehungen nötig braucht, um lebendig zu bleiben: In der Verliebtheit beglückt es die Partner, ihre Blicke ineinander zu versenken, im Laufe ihres gemeinsamen Lebens brauchen sie aber etwas Drittes, auf das sie miteinander schauen können, etwas Drittes, das die beiden erfüllt, bereichert, im besten Fall begeistert und sie so auch wieder zu lebendiger Zweisamkeit miteinander inspiriert. Von welcher Art kann das sein? Ich möchte zwei Aspekte herausgreifen: die Erfahrung von Wertvollem in der Gegenwart und die Erfahrung attraktiver Perspektiven für die Zukunft.

Die Erfahrung von Wertvollem in der Gegenwart

Statistiken zeigen, dass Paare, die gemeinsame Kinder haben, sich seltener trennen als Paare ohne solche. Na klar, kann man sagen, die wollen den Kindern das nicht antun! Ich glaube aber nicht, dass es nur daran liegt. Paare mit Kindern haben etwas gemeinsames Drittes, das sie als wertvoll erleben. Wenn sie die kleinen Wesen versorgen und nähren, wenn sie ihr Aufwachsen miterleben, wenn sie mit ihnen nochmals die Welt entdecken und sich von ihrer Faszination und Lebensfreude anstecken lassen – dann erfüllt das ihr eigenes Leben mit tiefem Sinn. Auch wenn ihnen »die Plagen«, wie Kinder in manchen Gegenden Deutschlands genannt werden, zeitweise furchtbar auf die Nerven gehen, auch wenn sie viel Mühe und Anstrengung kosten, so ist doch in den meisten Fällen die Sinnerfahrung das, was im Erleben der Partner überwiegt. Das ist es, was eine Trennung weniger wahrscheinlich macht. Selbst Paare, die sich trennen, bleiben oft über die gemeinsamen Kinder in einer tiefen Verbindung miteinander, die durch nichts zu zerreißen ist.

Wahrscheinlich wird von den vielen Paaren, die heutzutage bewusst keine Kinder wollen, dies nicht gesehen: Kinder sind nicht nur eine Last. Sie vermitteln dem Zusammenleben der Partner Wert- und Sinnerfahrung. Wenn Paare keine Kinder wollen, verzichten sie damit auf eine wichtige Sinnquelle und eine tiefe Bereicherung ihres Lebens. Schwierig ist freilich, dass man diese Erfahrung nicht im Vorhinein hat, sondern erst im Nachhinein machen kann. In der mentalen Vorwegnahme stehen eher die Schwierigkeiten im Vordergrund: weniger Geld, weniger berufliche Möglichkeiten, weniger Mobilität... Hier wird eine durchaus problematische Seite dessen deutlich, dass im Gegensatz zu früher Kinder zu bekommen nicht mehr selbstverständlich ist, sondern individuell entschieden werden muss, ohne dass man weiß, worauf man sich da einlässt und was einem entgeht, wenn man sich dagegen entscheidet.

Trotz des Gesagten bin ich freilich nicht der Meinung, Kinder wären die einzige Wert- und Sinnquelle für eine Zweisamkeit auf Dauer. Das »wertvolle Dritte« kann vieles andere sein, und auch wenn Paare Kinder haben, müssen sie sich um andere Dritte als Kinder kümmern. Denn in länger dauernden Beziehungen kann es sein, dass aufgrund der im Durchschnitt immer länger währenden kinderlosen Zeit von Paaren und aufgrund der bedeutend längeren Lebenserwartung die Zeit mit Kindern nur mehr etwa ein Drittel der gesamten Zeit des Zusammenlebens ausmacht. Oft ist zudem die eigentliche Familienphase mit so vielen Dingen ausgefüllt – Kinderversorgung, beruflicher Aufbau, Lebenssicherung –, dass die Frage nach einem sinnerfüllenden Dritten sich gar nicht so deutlich stellt: weil es einerseits genügend Sinnstiftendes in dieser Phase gibt und weil man andererseits gar nicht die Muße hat, sich damit eingehender zu befassen. Aber die Familienphase ist, wenn überhaupt, nur *eine* Phase im Leben des Paares, und wenn sie zu Ende ist, gibt es in der Regel noch Jahrzehnte miteinander zu leben.

Das heißt aber: Es ist gut, das im Auge zu haben und schon früh in der Beziehung anzufangen, *verschiedene Formen dieses gemeinsamen »Dritten«* – eben über gemeinsame Kinder hinaus – miteinander zu entwickeln.

Das kann bedeuten: gemeinsame Interessen finden und miteinander pflegen; gemeinsame Hobbys – Sport, Musik, Kunst, Reisen ... – entdecken und ausüben; tiefere Fragen unseres Daseins, Fragen philosophischer, religiöser Art miteinander stellen und diskutieren; gemeinsame soziale und/oder politische Anliegen entwickeln und sich im Rahmen des Möglichen dafür engagieren; eine dem Paar entsprechende religiös-spirituelle Praxis suchen und miteinander üben und so weiter. Mit dieser Aufzählung strebe ich keine Vollständigkeit an, vielmehr soll das Gemeinte damit lediglich illustriert werden. Wenn sich Paare schon in der kinderlosen Zeit solche gemeinsamen Bereiche erschließen, wird es möglich sein, sie – wenn auch vielleicht »schmalspurig« und fragmentarisch – auch in der Familienphase aufrechtzuerhalten und sie in die Nach-Familienphase »hinüberzuretten«, wo sie wieder oder vielleicht auch erstmals voll »zum Erblühen« kommen können.

Als ein kleines Beispiel für ein solches »Drittes« möchte ich ein befreundetes Paar anführen, das das Reisen in verschiedene Länder als sein besonderes Hobby entdeckte. Die beiden schafften sich schon sehr früh einen VW-Bus an, um überall da hinzukommen, wohin ihre Interessen gingen. Als sie Kinder bekamen, wurde der VW-Bus, sobald es irgendwie möglich war, durch ein Wohnmobil ersetzt. Damit konnten sie auch die Kinder in ihre Reiselust sommers wie winters mit einbeziehen und ihren Interessen an fremden Ländern und Kulturen weiter nachgehen. Die Kinder hatten im Wohnmobil ihre gewohnte, stabile Umgebung, und für Möglichkeiten, Abenteuerliches zu erleben, war reichlich gesorgt. Nun, da die Kinder größer werden und aus dem Haus zu gehen beginnen, wird das Wohnmobil – vielleicht demnächst in etwas kleinerer Ausfertigung – wieder mehr zum Reisegefährt für sie beide, und sie gehen daran, sich neue und noch unbekannte Ziele damit zu erschließen. Das Wohnmobil symbolisiert sozusagen für sie das »Dritte«, ihr gemeinsames Interesse und ihre gemeinsame Begeisterung, denen sie in ihrem Leben immer wieder Raum gegeben haben.

Produktivität gegen Passivität

Wie man sieht, geht es bei diesem wie auch bei allen anderen Beispielen für das »Dritte« nicht um passiven Konsum, sondern immer um Produktives oder Kreatives. Passiver Konsum ist nämlich nur in sehr begrenztem Maß als Sinnquelle geeignet. Damit sei nichts gegen ein schönes Essen oder einen interessanten Fernsehabend gesagt. Aber *nur* gemeinsam passiv zu konsumieren entleert auf die Dauer die Beziehung. Der Amerikaner M. Csikszentmihalyi (1991) hat bei seinen Untersuchungen herausgefunden, dass es für das so genannte Flow-Erlebnis, das ja im höchsten Maße Sinn-Erleben ist, immer *ein gewisses Maß an produktiver Anstrengung und Aktivität* braucht, damit es sich einstellt. Darum beginnen Paare, die sich den ganzen Tag, solange sie getrennt voneinander sind, so verausgaben, dass sie am Abend, wenn sie zusammen sind, nur noch rauchend oder Bier trinkend vor dem Fernseher versacken, sich einander zu entfremden. Es wird leer zwischen ihnen, weil durch die gemeinsame Passivität nichts Faszinierendes mehr zwischen ihnen entsteht.

Es ist darum auch in hohem Maß für eine Paarbeziehung destruktiv, wenn Partner ihr Leben ohne Notwendigkeit mit so viel Anstrengung anfüllen, dass keine Zeit und Energie mehr bleibt, auf produktive Weise das gemeinsame Leben zu pflegen und zu gestalten. Um Sinn zu erleben, muss man

Wertvolles tun, sich mit Wertvollem befassen. Das ist zwar insgesamt regenerierender als Passivität und Konsum, weil es Lebensfreude und Energie »zurückbringt«, aber es braucht auch Kraft. Diese Kraft darf nicht mit nutzlosen und unnötigen Beschäftigungen verschleudert werden, sonst wird der Erfahrung von Sinnlosigkeit Tür und Tor geöffnet.

Relativierung der Sexualität

Manchmal bekomme ich den Eindruck, dass im Beziehungsleben von Männern und Frauen der Sexualität in diesem Zusammenhang eine übertriebene Bedeutung beigemessen wird. Zweifellos ist auch das sexuelle Erleben eine Quelle von Sinn. Wir Menschen sehnen uns nach *Ekstase und Entgrenzung*. Da, wo wir Derartiges erleben, sind wir fasziniert, wachsen wir gleichsam über uns selber hinaus. Die Religion mit ihren Verheißungen und mit ihren feierlichen liturgischen Gottesdiensten war in früherer Zeit der Bereich, in dem die Menschen etwas von dieser Sehnsucht über sich selbst hinaus unterbrachten. Heutzutage verliert die Religion diese Bedeutung immer mehr. Aber die Sehnsucht nach Entgrenzung bleibt. Darum bekommen die Drogen eine solche Bedeutung – und wohl auch die Sexualität.

Das bekommt aber den Paarbeziehungen nicht nur gut. Wohl kümmert man sich dadurch heute sehr viel mehr um ein erfülltes Sexualleben als früher, und dagegen ist ja nichts einzuwenden. Aber wenn die Sexualität eine so zentrale Bedeutung für Faszination und Sinnerleben bekommt, wie es heute oft zu beobachten ist, wird auch die Gefahr sehr groß, dass man sie – vor allem in einer Dauerbeziehung, wo sie nicht in ununterbrochener Ekstase gelebt werden kann – überfordert. Darum brauchen Paare noch anderes, was sie miteinander begeistert, fasziniert, aus ihren Grenzen herausführt. Auch darum scheint mir das bisher

Gesagte so wichtig: Ein breiteres Spektrum von Möglichkeiten, die das Zusammenleben von Partnern bereichern und erfüllen, scheint mir die Bedeutung der Sexualität auf eine gute Weise auch ein Stück weit zu relativieren. Partner, die von einem gemeinsamen Anliegen zutiefst erfüllt sind, die im Herzen für eine gemeinsame Sache brennen, inspirieren sich einerseits dadurch auch erotisch, und andererseits füllen sie ihr Leben auch dann mit Faszination, wenn die Erotik nicht mehr so im Vordergrund steht.

Visionen für die Zukunft

Wir haben von dem gesprochen, was die Gegenwart eines Paares mit Sinn und Tiefe erfüllen kann. Dazu gehört auch ein Weiteres: *Der positive Blick in die Zukunft*. Auch eine attraktive Zukunftsperspektive kann die Gegenwart mit Sinn erfüllen, kann sie in einem positiven Licht erscheinen lassen, kann sie sogar erträglich machen, wenn sie unerträglich zu werden droht. In vielen Betrieben wird aus diesem Grund heutzutage »Visionsarbeit« geleistet. Städte und Gemeinden entwerfen »Leitbilder«. Sie sollen dazu dienen, über den Tellerrand hinauszuschauen, sie sollen Orientierung geben und Veränderungen attraktiv machen.

Könnten wir uns etwas Derartiges nicht auch für die Partnerbeziehung nutzbar machen? In der Zeit der Verliebtheit haben Paare die Tendenz, ihre Zukunft rosig zu sehen, allerdings ziemlich vage und unkonkret. Wenn es dann Enttäuschungen gibt, kann es sein, dass sie enttäuscht sind, »realistisch werden« und die verschwommenen Positivbilder ganz über Bord werfen. Sie haben dann gar keine rechten Ideen mehr, wie es weitergehen könnte. Oder sie fangen dann an, von einem Märchenprinzen zu träumen oder einer Prinzessin, durch die sich »alles wenden würde«. Zukunftsbilder in dem hier gemeinten Sinn sind etwas anderes. Es sind keine unrealistischen Traumbilder, aber sie weisen trotzdem über die Realität, wie sie jetzt ist und erfahren wird, hinaus. Der Philosoph Ernst Bloch (1990) sprach von »Real-Utopien«, das heißt, von etwas, das noch nicht ist, aber in die Zukunft hinein entworfen wird, um in die Realität umgesetzt zu werden.

Konkret bedeutet das: Es belebt die Liebe, wenn wir uns angewöhnen, uns immer wieder Bilder von dem zu machen, wie unsere Beziehung in drei, in fünf, vielleicht in zehn Jahren sein könnte. Damit ist nicht gemeint, sich in ein Wolkenkuckucksheim hineinzuträumen. Es geht um unsere reale Beziehung, es geht um dich und mich. Wie werde ich, wie möchte ich – angesichts der vorhandenen Rahmenbedingungen – mit dir in drei, fünf Jahren zusammenleben? Wo werden wir leben, wie werden wir leben, welche Arbeit werde ich, welche du tun…, was wird mit unseren Kindern sein, was wird mehr Raum einnehmen, was weniger…? Das heißt, wir fragen uns: *Wohin geht meine Lebenssehnsucht,* für mich persönlich – und mit dir zusammen? Was meldet sich in mir, was unbedingt Wirklichkeit werden möchte, und wie könnte das konkret aussehen?

Es geht dabei nicht um eine Flucht aus der Wirklichkeit. Aber es geht auch nicht um ein Versinken in einem resignativen »Realismus«. Es geht um ein Hinausgreifen über die derzeitigen Grenzen dieser Wirklichkeit, um sie zu erweitern. Es geht wieder um den bereits genannten »Möglichkeits-Sinn«. Mit dem träumen wir uns nicht ins Illusionäre hinein, aber wir fassen das ins Auge, was noch nicht ist, wohl aber werden möchte… Für die Praxis kann es hilfreich sein, wenn jeder Partner sich zunächst einzeln mit dem Entwerfen solcher Bilder bei sich selbst beschäftigt, bevor er sie dann mit dem anderen austauscht. Dabei ergeben sich Unterschiede und Gemeinsamkeiten, und so können sich dann – durchaus mit unterschiedlichen Akzenten – gemeinsame Bilder herauskristallisieren, Leit-Bilder, Real-

Utopien, die uns als Paar dann Perspektiven und Zukunft eröffnen.

Welche Wirkung haben diese Zukunftsbilder? Meiner Erfahrung nach vor allem drei:

- Ob sie einmal real werden oder nicht, sie lassen uns über die derzeitige Situation hinausblicken. Die Erfahrung einer solchen Perspektive ist imstande, *unsere Gefühle ins Positive zu wenden*. Solche Bilder sind ein Antidepressivum ersten Ranges. Sie schaffen Luft, hellen unsere Stimmung auf, und oft machen sie uns wieder zuversichtlich, wenn wir gerade daran waren, mutlos zu werden.
- Die zweite Wirkung: Sie geben uns das Gefühl, nicht ausgeliefert, sondern *selber die Regisseure unseres Lebens* zu sein. Natürlich sind wir das nicht in einem aboluten Sinn. Vieles kann dazwischenkommen, es können Dinge passieren, die uns einen dicken Strich durch die Rechnung machen. Dennoch: Wer sich angewöhnt hat, immer wieder Zukunftsbilder zu entwerfen, aktiviert seine Kräfte, die ihm das Gefühl geben und die Erfahrung vermitteln, dass es möglich ist, zu handeln, mitzugestalten und nicht einfach ausgeliefert zu sein.
- Schließlich: Wenn die Bilder, die wir entwerfen, »stimmen«, das heißt, wenn sie wirklich *uns* in der Tiefe entsprechen, dann entwickeln solche Bilder gleichsam »aus sich heraus« eine *Tendenz zu ihrer Verwirklichung*. Natürlich nicht ohne unser Zutun, aber sie ziehen unsere Aufmerksamkeit auf sich, sie schaffen Motivation zum Handeln, und sie locken aus uns die entsprechende Handlungsenergie heraus, ohne dass wir es häufig so bewusst bemerken.

Wenn wir uns als Paar an solchen Bildern erfreuen und uns für sie begeistern können, wenn wir dadurch motiviert werden zum Handeln und wenn wir das eine oder andere dann tatsächlich auch verwirklichen, so schafft das wieder einen der bereits erwähnten wichtigen Impulse für die Partnerliebe: *gemeinsame Erfolgserlebnisse.* Gemeinsame Erfolgserlebnisse vermitteln die gemeinsame Erfahrung, miteinander etwas zustande gebracht zu haben. Das schafft Achtung voreinander, Stolz auf sich und den anderen, Dankbarkeit, vom anderen so unterstützt worden zu sein: alles Elemente, die die Liebe zueinander bereichern und stärken.

Natürlich kann viel dazwischenkommen, natürlich können wir mit unseren Visionen scheitern. Aber wenn wir uns angewöhnt haben, immer wieder solche Zukunftsperspektiven zu entwerfen, lassen wir uns durch Rückschläge weniger leicht entmutigen. Und zweitens: Die Wahrscheinlichkeit, dass es solche nicht mehr so häufig gibt und dass wir öfter zu dem kommen, was uns wirklich guttut, wird aus den erwähnten Gründen größer, wenn wir uns immer wieder möglichst konkret und anschaulich vor Augen stellen, was wir eigentlich erreichen möchten.

Junge Paare

Konkrete Zukunftsvisionen zu entwerfen scheint mir vor allem für junge Paare vor der Familienphase von großer Bedeutung zu sein. Wenn sich zwei junge Menschen zum gemeinsamen Leben zusammentun, weil sie sich lieben, sind beide meist berufstätig und wollen dies, auch wenn sie an Kinder denken, in der Regel bleiben. Durch die konkreten Umstände kann es allerdings sehr leicht geschehen, dass sie in eine Situation geraten, in der nur das eine oder das andere realisierbar wird: Sie können zwar beide berufstätig bleiben, aber auf keinen Fall ist an ein Kind zu denken – weil ihre Arbeitsplätze zu weit voneinander entfernt sind, weil an eine Stellenreduzierung nicht zu denken ist, weil der Arbeitgeber sauer wäre, wenn sie jetzt gleich schwanger würde... Das ist aber ganz und gar nicht das, was sie »eigentlich« gewollt haben. Oder: Sie bekommen ein Kind, aber das bedeutet dann, dass sie zuhause bleiben muss – weil es keine geeignete Kinderbetreuung gibt, weil man ihren Job angeblich nicht in Teilzeit ausüben kann, weil der Mann gerade so viel arbeiten »muss«, dass an eine andere Lösung gar nicht zu denken ist... Die beiden sind in einen Sog geraten, in dem *er* immer mehr zum ausschließlichen »Arbeitsmann« und *sie* immer ausschließlicher zur »Familienfrau« wird – und beides widerspricht ebenfalls eklatant dem, was die beiden »eigentlich« wollten. Irgendwie sind sie entweder in den einen oder in den anderen Straßengraben hineingeschlittert, sind unzufrieden, wissen nicht, wie sie umsteuern sollen, und fangen vielleicht sogar an, sich die Schuld daran gegenseitig zuzuschieben.

Vielleicht ist das, was sie erleben, unausweichlich. Aber vielleicht hat es auch damit zu tun, dass sie so klar in ihren Zukunftsperspektiven am Anfang gar nie waren. Sie haben wahrscheinlich darüber nie ausdrücklich diskutiert. Sie haben nie wirklich die Konsequenzen des einen Weges oder des anderen Weges bedacht. Sie haben nie wirklich gefragt: Was bedeutet es für mich, die Frau, Kinder zu haben, und was will ich, der Mann, wenn ich Vater werde? Sie haben auch nie überprüft, ob ihre Zukunftsvorstellungen zusammenpassen oder ob sie von Beruf und Familie nicht doch eine recht andere Vorstellung hat als er... Mit anderen Worten: Wenn Paare ohne *konkrete und aufeinander abgestimmte Zukunftsvisionen* mit den harten Tatsachen an ihren Arbeitsplätzen und in ihrem gesellschaftlichen Umfeld konfrontiert sind, ist es sehr wahrscheinlich, dass sie sich deren Druck beugen müssen, anstatt ihre Lebensvorstellungen tatsächlich verwirklichen zu können.

Klare gemeinsame Zukunftsbilder ihrer Beziehung sind für junge Paare eine wichtige Gegenkraft gegen die Gefahr der Kapitulation vor den konkreten Verhältnissen und gegen den Sog, in den sie leicht geraten, wenn sie ihr gemeinsames Leben beginnen. Aus solchen Zukunftsbildern könnten auch immer wieder *alternative Ideen zu dem geboren werden, was übliche Praxis ist*. Ich glaube, dass junge Paare sich dessen viel zu wenig bewusst sind und dass sie darum gemeinsame Zukunftsbilder und -perspektiven viel zu wenig konkret und differenziert ausfantasieren und ausdiskutieren. In dieser Weise auch für das individuelle Leben als Paar und Familie »Visionsarbeit« zu leisten wird für ihre Beziehung eine festigende und solidarisierende Wirkung haben, selbst dann, wenn die konkreten Verhältnisse Abstriche vom eigentlich Gewünschten verlangen und immer wieder Kompromisse nötig machen.

Paare im Alter

Die Empfehlungen dieses Kapitels, sich gemeinsame Sinnwelten aufzubauen und attraktive Zukunftsperspektiven zu entwerfen, haben heutzutage eine besondere Wichtigkeit auch für Paare in der Altersphase. Aus mehreren Gründen: Zum einen ist die statistische Lebenserwartung heute sehr viel höher als noch vor wenigen Jahrzehnten, und sie steigt weiter kontinuierlich an. Das heißt, dass immer mehr Paare viele Jahre und Jahrzehnte in einer Situation leben, in der dem Engagement, aus dem sie in früheren Phasen hauptsächlich ihre Sinnerfahrung schöpften, nämlich dem Engagement für die Familie und im Beruf, für eine immer kürzere Lebensspanne Bedeutung zukommt. Zum anderen hat sich die gesundheitliche Situation älterer Menschen hierzulande immer mehr verbessert, sodass auch Hochbetagte geistig und körperlich sehr viel länger als früher in einem »guten Zustand« sind. Schließlich sind viele ältere Paare auch finanziell zu viel mehr in der Lage, als es in früheren Jahrzehnten der Fall war. Die Gefahr, dieses Geld hauptsächlich in passiven Konsum zu investieren, ist auch oder vielleicht sogar besonders hier gegeben.

Es wird auch die Beziehungen alter Paare sehr beleben, wenn sie die Zeit, die Energie und die Mittel, die sie haben, dafür verwendeten, Sinnstiftendes zu verwirklichen. Für ehrenamtliches Engagement im sozialen, kirchlichen, gesellschaftlichen Bereich eröffnen sich in dieser Hinsicht immer mehr Felder, gerade auch dadurch, dass die institutionellen finanziellen Mittel dafür immer knapper werden. Außerdem kann die Erfahrung vieler als »Senior Consultans« Betrieben, Behörden und Organisationen sehr zugutekommen – und alten Paaren über das Genießen dessen, was sie geschaffen haben, hinaus, noch neue Sinnerfahrungen vermitteln und ihr Zusammenleben damit wertvoll erleben lassen.

Auch das Entwerfen von Zukunftsvisionen hat im Leben alter Paare seinen Platz und seine Funktion. Zwar werden es nicht mehr die nächsten fünf oder zehn Jahre sein, in die sie in ihrer Fantasie vorausgehen, aber die Frage: Wie soll es in drei, in zwei oder in einem Jahr sein, und das in positive Bilder zu fassen, kann auch hier neue Impulse geben und Energie mobilisieren. Natürlich kommt an dieser Stelle – beim Blick in die Zukunft – auch das Ende immer deutlicher in Sicht. In Krankheiten und Gebrechen wirft der Tod immer deutlicher seinen Schatten voraus. Darum stellt sich hier die Frage: Kann unsere Zukunftsvision auch den Bereich jenseits unserer Zeit ins Auge fassen? Gibt es so etwas wie positive Bilder jenseits dieser Grenze? Wenn Partner von solchen Fragen bewegt werden, ist es gut, wenn sie darüber ins Gespräch kommen, anstatt solche Fragen zu tabuisieren. Tabuisierung isoliert voneinander. Wenn wir uns aber offen auch mit diesen »letzten« Fragen beschäftigen, ob wir darauf nun eine befriedigende Antwort finden oder nicht, verbindet uns dies in der Tiefe miteinander und lässt uns auch in dieser letzten Lebensphase gemeinsam auf dem Weg bleiben (Jellouschek 2001, S. 165–183).

Einwände

Gemeinsame Bilder, gemeinsame Interessen, gemeinsames Engagement ... Tut so viel Gemeinsamkeit einer Beziehung gut? Kann das nicht gerade zum Überdruss aneinander führen? Sollte nicht vielmehr jeder Partner darauf achten, seine individuellen Interessen zu entwickeln und sich ihnen zu widmen? Bringt nicht gerade das Betonen der individuellen Unterschiedlichkeit Würze in die Beziehung?

Die individuelle Eigenständigkeit und Ausprägung ist in der Tat sehr wichtig für eine Beziehung. Sie bringt Leben und Anregung in die Zweisamkeit. Dem stimme ich zu. Allerdings ist auf das Verhältnis zu achten: Auf der Basis einer soliden Gemeinsamkeit ist die individuelle Unterschiedlichkeit tatsächlich die Würze der Beziehung, die den Überdruss aneinander verhindert. Wenn aber diese Basis schwach ausgeprägt und schmal ist, besteht die Gefahr, dass die starke Ausprägung der individuellen Eigenart sie zum Zerbrechen bringt. Dem wird durch intensive *gemeinsame* Interessen und Anliegen vorgebeugt.

Wenn die Zukunftsvisionen so stark betont werden, besteht dabei nicht die Gefahr, dass man die Gegenwart verliert? »Leben im Hier und Jetzt«, »Leben im Augenblick« – das sind doch wichtige Facetten echter Lebenskunst. Ist dafür eine zu starke Orientierung in die Zukunft nicht kontraproduktiv?

Das kann sein. Ohne immer wieder auch ganz im Hier und Jetzt zu leben, wird Zukunftsorientierung zur Flucht. Darum betone ich in meinen Ausführungen auch das Wert- und Sinnerleben *in der Gegenwart*. Und zweifellos ist für die Erfahrung von Lebenssinn auch die Fähigkeit entscheidend, »das Hier und Jetzt« auszukosten und nicht über den gegenwärtigen Augenblick hinwegzuhasten, sondern in ihm zu verweilen. Diese beiden Dimensionen – Gegenwart und

Zukunft – gehören eng zusammen. Wenn es mir gelingt, in der Gegenwart Sinn und Wert zu erfahren, vermittelt die Zukunft der Gegenwart eine zusätzliche Sinntiefe.

Hinweise

1. Für sinnstiftende soziale Engagements von Paaren gibt es in unserer heutigen Gesellschaft zahlreiche Möglichkeiten: amnesty international, Ärzte ohne Grenzen, Greenpeace, BUND, die kirchlichen Hilfswerke und viele andere Organisationen vertreten zutiefst sinnvolle Anliegen. Der Vorteil hier besteht darin, dass sich dieses Engagement je nach Lebenssituation und Lebensphase in unterschiedlicher Intensität gestalten lässt – von der finanziellen Unterstützung bis hin zum aktiven Engagement in Ortsgruppen und Projekten.
2. Viele Paare können sich mit der religiösen Vorstellungswelt und religiösen Praxis der etablierten Kirchen nicht mehr identifizieren. Dennoch ist damit das religiös-spirituelle Interesse und Suchen keineswegs erstorben. Vor allem im Zusammenhang mit Kindererziehung und Familienereignissen wie Weihnachten, Hochzeiten, Todesfällen und dergleichen mehr wird es plötzlich wieder spürbar. Zweifellos kann dieses Interesse und dieses Suchen auch etwas sein, was Paare intensiv miteinander verbindet. Ich möchte Paare ermutigen, das Suchen in diese Richtung, wenn vorhanden, miteinander zu teilen. Ich möchte sie auch ermutigen, sich auf den Weg zu begeben, wenn sie das Bedürfnis haben, sich wieder eine religiöse Praxis anzueignen, die zu ihnen passen würde. Meiner Erfahrung nach bietet die Praxis der gegenstandslosen Meditation (Zen, Kontemplation) die Möglichkeit, dass sich Menschen damit und mit dem damit verbundenen Weltbild identifizieren können, ohne sich als *heutige* Menschen verleugnen zu müssen.

3. Das Entwerfen von Zukunftsbildern der Paarbeziehung sollte nicht ein einmaliges Ereignis sein, sondern ein fortlaufender Prozess. Die Lebensphasen des Paares ändern sich ja, und damit auch seine Zukunftsperspektiven. Gute Möglichkeiten, zu solcher »Visionsarbeit« immer wieder zurückzukommen, sind zum Beispiel: der Jahreswechsel, Hochzeitstage, runde Geburtstage und dergleichen. Auch hier bewähren sich Ritualisierungen: Regelmäßig zu solchen Gelegenheiten setzen wir uns zusammen. Ich entwerfe meine Bilder, du deine, dann vergleichen wir sie und machen ein gemeinsames Bild daraus. Auch wenn wir in den folgenden Wochen und Monaten nicht mehr ausdrücklich darauf zurückkommen: Das Bild wird für uns Orientierung sein und Perspektiven offenhalten.

Zum Schluss

Verehrte Leserin, verehrter Leser,
Wenn Sie nun auf dieser Seite angelangt sind und sich durch alle zehn Kapitel dieses Buches hindurchgearbeitet haben, ist es mir ein Anliegen, Ihnen meine Anerkennung zum Ausdruck zu bringen. Sie haben damit gezeigt, dass Ihnen Beziehungen und vor allem auch »Ihre« Beziehung ein Anliegen sind und dass Sie auf der Suche nach Anregungen und Hinweisen sind, diese so zu gestalten, dass eines unserer tiefsten Bedürfnisse, nämlich das Bedürfnis, in einer festen Beziehung gut aufgehoben zu sein, seiner Erfüllung ein Stück näher kommt. Geliebt zu sein und lieben zu können gehört ja zusammen mit der Erfahrung, etwas leisten und effektiv sein zu können, zu dem, was wir uns für unser Leben zutiefst ersehnen.

Aus Rückmeldungen zu früheren Auflagen dieses Buches weiß ich, dass es sehr nützlich sein kann, immer wieder einmal danach zu greifen und sich das eine oder andere Kapitel, weil es gerade in der Beziehung aktuell ist, wiederum vorzunehmen und es sich nochmals zu Gemüte zu führen. Häufig wird dabei wieder ein neuer Aspekt deutlich, den man vorher so nicht bemerkt hat. Dabei empfiehlt es sich sehr, einander vorzulesen, weil dadurch oft der Einstieg in ein fruchtbares Zweiergespräch gegeben ist.

Auch möchte ich Ihnen die weitere Anregung geben, miteinander den auf den nächsten Seiten folgenden »Beziehungs-Haltbarkeits-Test« auszufüllen, dessen zehn Punkte sich unmittelbar an die zehn Kapitel dieses Buches anschließen. Wenn Sie sich über die Ergebnisse miteinander austauschen, gibt dies eine zusätzliche Möglichkeit, den Inhalt dieses Buches konkret in die Gestaltung Ihrer Beziehung zu übertragen. Ich wünsche Ihnen dabei viel Spaß!

Ein Beziehungs-Haltbarkeits-Test

Dieser Test hat keinen wissenschaftlichen Anspruch. Er soll Sie über die Themen dieses Buches miteinander ins Gespräch bringen. Die Nummern orientieren sich an den zehn Kapiteln. Es empfiehlt sich, vor dem Ausfüllen das jeweilige Kapitel – vielleicht sogar gemeinsam – gelesen zu haben. Zu den Zahlen: Wenn Sie 10 ankreuzen, heißt das, die linke Aussage trifft auf unsere Beziehung voll zu. Wenn Sie 0 ankreuzen: Die rechte Aussage trifft auf unsere Beziehung voll zu. Die Zahlen dazwischen geben an, wie weit Sie sich in Ihrer Einschätzung auf die linke beziehungsweise auf die rechte Aussage zubewegen.

1.
Unsere Beziehung ist klar definiert

Es ist ganz unklar, was unsere Beziehung ist

10   9   8   7   6   5   4   3   2   1   0

2.
Ich kenne meine/n Partner/-in sehr gut, auch seine Kindheitsgeschichte

Ich kenne meine/n Partner/-in kaum, auch sehr wenig von seiner Kindheitsgeschichte

10   9   8   7   6   5   4   3   2   1   0

3.
a. Ich bin mit meiner Vergangenheit ausgesöhnt

Ich hadere mit meiner Vergangenheit

10   9   8   7   6   5   4   3   2   1   0

b. Mein/e Partner/-in ist mit seiner/ihrer Vergangenheit ausgesöhnt

Mein/e Partner/-in hadert mit seiner/ihrer Vergangenheit

10 9 8 7 6 5 4 3 2 1 0

4.
a. Ich lobe und erkenne meine/n Partner/-in viel mehr an, als ich ihn/sie kritisiere

Ich kritisiere meine/n Partner/-in viel öfter, als ich ihn/sie anerkenne und lobe

10 9 8 7 6 5 4 3 2 1 0

b. Ich fühle mich von meinem/r Partner/-in viel mehr anerkannt als kritisiert

Ich fühle mich von meinem/r Partner/-in viel mehr kritisiert als anerkannt

10 9 8 7 6 5 4 3 2 1 0

5.
In unserer Beziehung gibt es keine unverziehenen Verletzungen

In unserer Beziehung gibt es viele unverziehene Verletzungen

10 9 8 7 6 5 4 3 2 1 0

6.
In unserer Beziehung gibt es ausreichend Räume für Intimität und Zärtlichkeit

In unserer Beziehung gibt es keine Räume für Intimität und Zärtlichkeit

10 9 8 7 6 5 4 3 2 1 0

7.

| Ich empfinde unsere Beziehung ausgeglichen, ich komme nicht schlechter weg als mein/e Partner/-in | Ich komme in unserer Beziehung viel schlechter weg als mein/e Partner/-in |

10   9   8   7   6   5   4   3   2   1   0

8.

| Mein/e Partner/-in macht meine Probleme immer auch zu seinem/ihrem Problem, und wir kooperieren gut bei der Bewältigung | Ich fühle mich bei Problemen vom Partner immer allein gelassen, und wir kooperieren nicht bei ihrer Bewältigung |

10   9   8   7   6   5   4   3   2   1   0

9.

a. Ich gehe Krisen eher zuversichtlich an und sehe sie als Chancen

Ich stehe Krisen mutlos und resignativ gegenüber

10   9   8   7   6   5   4   3   2   1   0

b. Mein/e Partner/-in geht Krisen eher zuversichtlich an und nutzt sie als Chancen

Mein/e Partner/-in reagiert in Krisen eher mutlos und resigniert

10   9   8   7   6   5   4   3   2   1   0

10.
a. In unserer Beziehung gibt es viel Wertvolles und Sinnstiftendes, das uns miteinander verbindet

In unserer Beziehung gibt es nichts, was uns an gemeinsamen Werten und Anliegen verbindet

10   9   8   7   6   5   4   3   2   1   0

b. Wir machen uns immer wieder von unserer gemeinsamen Zukunft positive Bilder

Wir haben keine konkreten Bilder von unserer gemeinsamen Zukunft

10   9   8   7   6   5   4   3   2   1   0

Je weiter sich eine Einschätzung auf die linke Seite der Skala bewegt, desto deutlicher wird hier eine Ressource Ihrer Beziehung, die ihre Stabilität unterstützt und die Sie nutzen können. Je mehr sich eine Einschätzung auf die rechte Seite bewegt, desto deutlicher geben Sie damit einen Bereich an, der in Ihrer Beziehung problematisch zu sein scheint und dem Sie Aufmerksamkeit widmen sollten.

Je häufiger Sie sich in Ihren Einschätzungen auf der linken Seite bewegen, desto mehr realisieren Sie in Ihrer Beziehung, was sie lebendig hält und ihr Stabilität verleiht. Wenn Sie in der Mehrzahl niedrige Werte auf der rechten Seite angekreuzt haben, und Sie wünschen sich einen Fortbestand Ihrer Beziehung, sollten Sie ernsthaft etwas dafür tun und möglicherweise auch professionelle Hilfe dafür in Anspruch nehmen.

Gibt es große Diskrepanzen in der Einschätzung der Partner untereinander, so ist das ebenfalls ein Grund, sich in eine ernsthafte Auseinandersetzung um die Beziehung zu begeben. Denn das bedeutet höchstwahrscheinlich, dass Sie gänzlich unterschiedliche Sichtweisen Ihrer Beziehung haben und sich darin sehr gegensätzlich fühlen.

Wenn Sie sich beide in Ihren Einschätzungen meist gegen 10 bewegen, dann freuen Sie sich. Das ist ein Grund zum Feiern!

Literatur

Bischof, Norbert (1991): Das Rätsel Ödipus. Die biologischen Wurzeln des Urkonflikts von Intimität und Autonomie. München

Bloch, Ernst (1990): Das Prinzip Hoffnung. 3. Aufl. Frankfurt am Main

Clement, Ulrich (2002): »Offene Rechnungen«. Ausgleichsrituale in Paarbeziehungen. In: Welter-Enderlin, Rosmarie/Hildenbrand, Bruno (Hrsg.): Rituale – Vielfalt in Alltag und Therapie, S. 122–138. Heidelberg

Csikszentmihalyi, Mihaly (1991): Das Flow-Erlebnis. Jenseits von Angst und Langeweile: Im Tun aufgehen. 3.Aufl. Stuttgart

Endres, Manfred/Hauser, Susanne (Hrsg. 2000): Bindungstheorie in der Psychotherapie. München

Fthenakis, Wassilios/Kalicki, Bernhard/Peitz, Gabriele (2002): Paare werden Eltern. Opladen

Gesterkamp, Thomas (2002): gutesleben.de. Die neue Balance zwischen Arbeit und Liebe. Stuttgart

Glöckner, Angelika (2000): Lieber Vater, liebe Mutter... Sich von den Schatten der Kindheit befreien. Freiburg

Gottman, John M./Silver, Nan (2000): Die sieben Geheimnisse der glücklichen Ehe. 2. Aufl. München

Haffner, Sebastian (2000): Geschichte eines Deutschen. Die Erinnerungen 1914–1933. Stuttgart/München

Hamann, Brigitte (2002): Hitlers Wien. Lehrjahre eines Diktators. 5. Aufl. München

Hesse, Hermann (1970): Gesammelte Werke. Erster Band. Frankfurt

Hildenbrand, Bruno/Welter-Enderlin, Rosmarie (1996): Systemische Therapie als Begegnung. Stuttgart

Hildenbrand, Bruno (1993): Eingefrorene Geschichten und auftauende Beschreibungen – begriffliche Überlegungen. In: Zeitschr. System Familie, S. 130 ff.

Jellouschek, Hans (2001): Beziehung & Bezauberung. Stuttgart

Jellouschek, Hans (2002a): Die Kunst als Paar zu leben. 14. Aufl. Stuttgart

Jellouschek, Hans (2002b): Warum hast du mir das angetan? Untreue als Chance. 7. Aufl. München

Jellouschek, Hans (2002c): Bis zuletzt die Liebe. Als Paar im Schatten einer tödlichen Krankheit. Freiburg

Jellouschek, Hans (2003): Wie Partnerschaft gelingt. 12. Aufl. Freiburg

Jellouschek, Hans (2004): Wagnis Partnerschaft. Wie Liebe, Familie und Beruf zusammengehen. Freiburg

Kast, Verena (1984): Paare. Beziehungsfantasien oder Wie Götter sich in Menschen spiegeln. Stuttgart

Mary, Michael (2002): Fünf Wege, die Liebe zu leben. Hamburg

Moeller, Michael Lukas (1988): Die Wahrheit beginnt zu zweit. Das Paar im Gespräch. Hamburg

Retzer, Arnold (2002): Das Paar. Eine systemische Beschreibung intimer Komplexität. In: Zeitschr. Familiendynamik, S. 5–42 und 186–217. Stuttgart

Revenstorf, Dirk (1999): Wenn das Glück zum Unglück wird. Psychologie der Paarbeziehung. München

Rilke, Rainer Maria (1984): Sämtliche Werke, 1. Band. Frankfurt am Main

Schenk, Herrad (2002): Wie in einem uferlosen Strom. Das Leben meiner Eltern. München

Schmidt, Gunter/von Stritzky, Johann (2004): Beziehungsbiografien im sozialen Wandel. Zeitschr. Familiendynamik 29. Jg., S. 78–100

Schulz von Thun, Friedemann (1986): Miteinander reden: Störungen und Klärungen. Psychologie der zwischenmenschlichen Kommunikation. Hamburg

Weber, Gunthard (Hrsg. 1993): Zweierlei Glück. Die systemische Psychotherapie Bert Hellingers. Heidelberg

Welter-Enderlin, Rosmarie (1996): Deine Liebe ist nicht meine Liebe. Paarprobleme und Lösungsmodelle aus systemischer Sicht. Freiburg

Willi, Jürg (2002): Psychologie der Liebe. Persönliche Entwicklung durch Partnerbeziehungen. Stuttgart

Die Kunst als Paar zu leben

Hans Jellouschek
Die Kunst als Paar zu leben
Hardcover, 155 Seiten
ISBN 978-3-7831-2614-3

Bei der Kunst, als Paar zu leben, geht es weder um Moral noch um Ideale, sondern um eine realitätsnahe und dabei wirksame Kultur des Alltags. Hans Jellouschek fasst seine jahrzehntelangen Erfahrungen als Paartherapeut zusammen und gibt in der Praxis erprobten Rat für Paare, die ihre anfängliche Liebe lebendig halten und ein glückliches gemeinsames Leben führen wollen.

KREUZ

Was Menschen bewegt   www.kreuzverlag.de